Humanização:
Desafio da Empresa Moderna

A Ginástica Laboral como um caminho

Dados Internacionais de Catalogação na Publicação (CIP)
(Câmara Brasileira do Livro, SP, Brasil)

Cañete, Ingrid
   Humanização : desafio da empresa moderna : a ginástica laboral como um caminho / Ingrid Cañete. – 2. ed. – São Paulo : Ícone, 2001.

   Bibliografia
   ISBN 85-274-0630-6

   1. Administração de empresas 2. Administração de pessoal 3. Ginástica I. Título

00-4536   CDD-658.382

Índices para catálogo sistemático:

1. Ginástica laboral : Pessoal : Administração de
   empresas   658.382

Ingrid Cañete

Humanização:
Desafio da Empresa Moderna

A Ginástica Laboral como um caminho

2ª Edição

© Copyright 2001.
Ícone Editora Ltda

Capa
Rabisco Comunicação Visual

Ilustrações
Chico Machado

Editoração eletrônica
Rabisco Comunicação Visual

Proibida a reprodução total ou parcial desta obra,
de qualquer forma ou meio eletrônico, mecânico,
inclusive através de processos xerográficos,
sem permissão expressa do editor
(Lei nº 5.988, 14/12/1973).

Todos os direitos reservados pela
ÍCONE EDITORA LTDA.
Rua das Palmeiras, 213 — Sta. Cecília
CEP 01226-010 – São Paulo – SP
Tel./Fax.: (11) 3666-3095

*A Ginástica Laboral, praticada com
método, seriedade, competência e orientada
por uma ética humanista, mostra
que o ser humano sadio, física,
mental e espiritualmente, é
a única garantia de Qualidade Total.*

"Nosso corpo somos nós. É nossa única realidade perceptível. Não se opõe à nossa inteligência, sentimentos, alma. Ele os inclui e dá-lhes abrigo. Por isso, tomar consciência do próprio corpo é ter acesso ao inteiro... pois corpo e espírito, psíquico e físico, e até força e fraqueza, representam não a dualidade do ser, mas sua unidade."

(Bertherat e Bernstein, 1991, p.14)

"O indivíduo que tenha aprendido a ser responsável por sua própria saúde provavelmente tornar-se-á mais interessado nos aspectos políticos da medicina, do ambiente, no papel do aprendizado sobre saúde e doenças, nos aspectos benéficos ou maléficos dos relacionamentos e do trabalho etc."

(Ferguson, 1992, p.221)

Agradecimentos

Agradeço a todas as pessoas e empresas que, diretamente ou indiretamente, contribuíram para a realização deste trabalho e concretização de um sonho.

Sou eternamente grata à Deus por ter me concedido vida, saúde, energia, inspiração e muito amor para que eu pudesse transmiti-lo à todos que lerem este livro ou que de alguma forma indireta se beneficiarem dele.

Desejo agradecer aos meus pais por terem me levado a aprender, de um modo único, que a vida é um grande, um imenso desafio e que é preciso desejar viver com toda a vontade e com todo o nosso ser. Aprendi que é preciso amar a vida mais do que tudo e agarrar-se a ela com amor incondicional.

Sou grata à minha irmã Isabel pelo incentivo, comentários e críticas inteligentes, sensíveis e valiosas e ao meu amado irmão Hugo Cañete (in memorian) pelas sugestões e incentivo à publicação.

Desejo agradecer e homenagear aos professores: Ricardo Pinto, Fátima Michelin Dias e Carla Kolling por seu pioneirismo e por todas as idéias, sugestões e apoio. Incluo aqui um agradecimento especial ao professor Marco Aurélio Scharcow, pelas inúmeras discussões e informações esclarecedoras, por sua atenção, disponibilidade e postura crítica.

Aos professores e funcionários do Programa de Pós-Graduação em Administração da Universidade Federal do Rio Grande do Sul bem como a Capes pelo apoio fundamental para a realização do Curso de Mestrado e, conseqüentemente, deste livro.

Ao professor Alexandre Franciosi e aos funcionários da empresa Ferramentas Gerais por me ajudarem e estimularem a descobrir a Ginástica Laboral.

Aos alunos e à Unisinos pela oportunidade de uma conivência ímpar em termos de aprendizado e desenvolvimento pessoal e profissional.

Sou extremamente grata à Dra. Míriam Commiotto por ter incentivado com suas críticas e sugestões, a publicação deste livro.

Ao colega e amigo Assis por todas as trocas e discussões elucidativas, pelas preciosas indicações de livros e oportunidades e pela contribuição direta na montagem de uma figura especial neste livro.

À minha querida amiga de alma e de coração, Cláudia Bittencourt, que me ajudou muito com seu "alto astral" e com seu dom especial para "salvar-me" no computador.

Ao amado e iluminado amigo de alma, Jorge Strassburger, por sua inteligência especial, sua sensibilidade e amor, críticas oportunas e incentivo para que esta segunda edição se realizasse.

À todos os amigos e amigas que com sua torcida, energia e amor, mesmo de longe, foram fundamentais para que eu fortalecesse minhas crenças nos valores humanos e espirituais e na capacidade que todo o ser humano possui de renascer através da luz da Consciência e reencontrar-se com sua alma e com a alma das organizações, com a Alma do Universo!

E dedico este livro **a todas as pessoas que mantêm "o brilho nos olhos"** *e encaram a vida, com todos os seus desafios, como oportunidade de aprendizado e desenvolvimento na direção de um mundo mais evoluído e iluminado para todos nós.*

Obrigado por existirem!

Sumário

Prefácio 13

O Ser Humano: um Ser Incondicionado 15

A Ginástica nas Empresas é Mais uma Onda? 21

Custo ou Investimento? 25

A Organização Competitiva:
Concepção Tradicional e a Visão Transformada 27

A Saúde como um Valor 35

O Ambiente Organizacional, as Condições de
Trabalho e a Saúde do Trabalhador 39

Indivíduo e Trabalho: uma Relação Multidimensional 49

O Estresse, a Dor, os Acidentes de Trabalho
e as Doenças Ocupacionais: Duras Conseqüências
da Relação Homem e Trabalho 59

Novas formas de Gestão: Qualidade Total, Reengenharia 79

Qualidade de Vida: os Benefícios das Atividades Físicas
para as Pessoas e Organizações 89

A Administração de "Recursos Humanos" e a
Saúde do Trabalhador: uma Reflexão 97

Ginástica Laboral: Surgimento 113

A Ginástica Laboral: O que é e a que se propõe? 123

Metodologias e Estratégias para a Implantação 147

Os Resultados da Experiência nas Empresas 159

Boas Razões para Você Adotar esta Prática 217

Comentários Finais 219

Análise Final 229

Bibliografia 234

Prefácio

Um dos mais sérios erros que a sociedade contemporânea comete é a forte dissociação entre o ser profissional e o ser humano. Em inúmeras empresas, no Brasil, e muito mais em países tradicionais, a vestimenta de cor escura, de preferência o negro, é quase uniforme obrigatório. A feição séria, o riso escasso, fazem parte do papel que homens e mulheres representam na dramaturgia das organizações. Por isto, criou-se e desenvolveu-se este modelo artificial, senão desumano, pelo menos anti-humano, que caracteriza o locus laboral. Por isto, tanta gente tem depressão no domingo à tarde. Por isto, na cidade de São Paulo, a maior incidência de enfarte ocorre nas manhãs de segunda-feira. Por isto, tanta gente torce pelo feriado na terça ou na quinta-feira. Sinceramente, eles têm razão.

São raríssimos os casos em que um corpo de diretores de uma organização define como prioridade um leque de estratégias humanas. Ter como objetivo um "empregado feliz" ainda soa piegas, na melhor das hipóteses, para a maioria absoluta das empresas no Brasil. A obra da renomada e respeitada psicóloga Ingrid Cañete está entre a pequena minoria que sai do paradigma ultrapassado e entra no caminho do futuro. Sim, porque dentro de mais alguns anos – em verdade, infelizmente, décadas – ocorrerá uma séria reversão. Não tenho dúvida que, em 2050, os analistas de administração e gestão se perguntarão: "Como era possível tratar gente da maneira que as empresas faziam no século XX?" Comparativamente, será um sentimento semelhante ao que temos hoje, ao lembrar a barbárie da escravidão.

As empresas serão humanizadas por inúmeras razões. Em primeiro lugar, pelo próprio desenvolvimento da Ética e da Moral. Fazer o bem ao próximo fará cada vez mais parte do código de valores ou, se quiserem, do modelo mental das pessoas. Em segundo lugar, porque este próprio desenvolvimento aceitará de maneira mais consistente o pacto maduro entre empregado e empresa. A tola discussão se o bem é conseqüência do Utilitarismo será eliminada pela consciência de que o humanismo paternalista não é bom para ninguém. Nesta direção, ficará claro que uma pessoa feliz produz mais. Este contrato mútuo de resultados fará parte natural das empresas bem-sucedidas: "Vamos criar um ambiente humano, de valorização e reconhecimento e, em troca, as pessoas devolverão o que de melhor têm". Em terceiro lugar, haverá uma exigência crescente por parte dos próprios Seres Humanos. Nestes próximos anos, cada vez mais, ocorrerá a intensificação de um fenômeno já perceptível no mundo de hoje. Todos nós estaremos buscando um significado mais profundo para a nossa existência. Este valor, é claro, terá conseqüências muito fortes sobre o ambiente humano das empresas. Ninguém vai querer trocar oito horas do seu dia por um cheque no final do mês. Como começa a ocorrer hoje, os profissionais e principalmente os "talentos" só aceitarão trabalhar em empresas que sejam admiradas por seus parceiros, por sua excelência no respeito às pessoas.

E a ginástica laboral, o que tem a ver com todo este discurso? Ela está intimamente ligada ao equilíbrio do ser humano. Entre outros, Fritjof Capra nos ensinou que somos corpo, mente, espírito e cérebro. É também famoso o pensamento que o nosso corpo é absolutamente importante porque é ele que leva nosso cérebro pelo mundo afora. É ele que nos dá qualidade de vida e propicia o equilíbrio necessário ao nosso desenvolvimento e plenitude global.

Recentemente, ouvi de um cliente dizendo ao amigo: "Cuidado, porque até os gênios morrem".

Mais ainda: um corpo bem-tratado com um programa de ginástica vai liberar a endorfina para o cérebro e literalmente melhorar a capacidade de criação e produção das pessoas, como este livro mostra, de forma profunda e minuciosa, em diversas de suas partes. Para mim, uma empresa que adota um programa de ginástica laboral e, além disso, incorpora a seu programa de treinamento e desenvolvimento, matérias sobre saúde física e mental está no caminho certo.

Em todos os seminários mais longos que coordeno, mesmo que o tema seja estratégia e gestão, procuro levar (nem sempre o cliente concorda) um profissional do corpo. Saindo do "Faça o que eu falo", tenho constantemente incorporado nestes eventos não só a ginástica como outras técnicas, passando pela Yoga, Tai-chi-chuan, Meditação, Nutrição etc. Mesmo como mau aluno, para os meus clientes eu acredito na proposta deste livro. Por isto, acho (e recomendo, portanto) Humanização, Desafio da Empresa Moderna, como um livro indispensável na prateleira de quem queira estar de frente para o futuro e não dando as costas para o seu inevitável desenvolvimento.

Marco Aurélio Ferreira Vianna

O SER HUMANO:
UM SER INCONDICIONADO

A Ginástica Laboral vem sendo adotada, nos últimos anos, por um número crescente de empresas, que são expressivas em suas respectivas áreas de atuação. Este fato vem chamando a atenção e tem sido alvo de freqüentes reportagens em revistas, jornais e televisão.

Em uma época em que se vivem grandes transformações e fala-se em mudanças de paradigmas em todas as áreas, surgem conceitos como Qualidade Total, Excelência, Globalização, Parceria, Competitividade etc., e os desafios se tornam parte do dia-a-dia de todos. Isto é válido, talvez mais do que nunca, para as empresas e seus funcionários.

O ser humano jamais esteve tão perto de ser colocado no seu devido lugar, ou seria melhor dizer que ele nunca esteve tão próximo de ser reconhecido pelas organizações como sendo a única razão da existência e sobrevivência destas. Mas será que se pode afirmar isto?

Um número crescente de empresas vêm declarando através de sua filosofia e princípios que "os recursos humanos são nosso maior patrimônio". Grandes autoridades do mundo empresarial, assim como os gurus da administração e da Qualidade Total, vêm espalhando aos quatro ventos que não adianta investir em tecnologia, por exemplo, se não investir em recursos humanos, em sua educação e qualificação. Afirmam e preconizam que as empresas que não assumirem rapidamente sua responsabilidade para com a educação e desenvolvimento se seus colaboradores, não terão prazer de conhecer e saudar o novo século.

Esta questão precisa ser pensada por todos, mas aqui queremos dirigi-la de modo muito especial aos empresários e aos nossos colegas executivos de Recursos Humanos.

Em que medida as organizações, por adotarem uma concepção parcial e fragmentada do ser humano, ou seja, a do homo-saber (ou homem máquina) e, por manterem-se presas ao paradigma da administração científica, estão deixando de alcançar a parcela mais preciosa dos resultados? Aquela que certamente adviria de seres humanos reconhecidos em sua totalidade, considerados e respeitados em sua integridade e que beneficiaria tremendamente a todos: pessoas, empresa e sociedade?

Esta foi uma das perguntas que eu me fiz, a qual acabou orientando minha dissertação de mestrado em Administração de Recursos Humanos, na Universidade Federal do Rio Grande do Sul, cujo tema foi a Saúde do Trabalhador, com o título *A Experiência com a Ginástica Laboral nas Empresas*. Seus resultados e reflexões decorrentes desejo dividir com todos que, como você leitor, se preocupam e, mais do que isto, anseiam por participar mais efetivamente do desenvolvimento e da evolução humanos, pois acreditam que o ser humano jamais poderá ser considerado como sendo uma ferramenta ao simples instrumento de qualquer sistema ou ideologia, uma vez que as transcende e transcenderá sempre por sua própria natureza e essência. Assim, concordo com o doutor Viktor Frankl, que definiu o ser humano como um "ser incondicionado" na medida em que este, em quaisquer condições, não se deixa absorver pelos condicionalismos e mantém sua humanidade de "homo-humanus".

É para a totalidade deste ser bio-psico-sócio-espiritual e sua saúde, enquanto trabalhador ativo e participante da produção do capital que pretendo chamar a atenção. A razão? É simples e até óbvia: um ser humano saudável física, mental e espiritualmente é com certeza muito mais produtivo. Isto você já deve saber e muitos estudiosos já afirmaram antes. A novidade é que o que apresentaremos aqui representa um caminho[1] possível para se alcançar tal resultado. A Ginástica Laboral quando implantada por convicção da cúpula da empresa e valendo-se de profissionais competentes mostra que é capaz não só de proporcionar aumento de produtividade, mas principalmente contribuir para um acréscimo significativo na Qualidade. Você tem dúvidas a respeito? Ótimo! Então prossiga com a leitura, pois vale a pena! Suas dúvidas serão elucidadas e seu entusiasmo por esta idéia crescerá.

---

1 - *Propositadamente usamos a palavra caminho em vez de ferramenta gerencial - mantendo a coerência com a concepção de ser humano.*

"Não duvide que um pequeno grupo inteligente de cidadãos comprometidos não possa mudar o mundo. Esta é, aliás, a única forma de consegui-lo."

(Margareth Mead)

A GINÁSTICA NAS EMPRESAS É MAIS UMA ONDA?

A resposta é não, com certeza não é mais um modismo a iniciativa que diversas empresas vêm tomando nos últimos anos, aqui no Brasil, implantando a chamada Ginástica Laboral.

Ocorre que, na década de 90, as empresas brasileiras passaram a viver um sério dilema: reestruturar-se ou perecer. Elas encontraram-se em desvantagem tecnológica diante das empresas estrangeiras, multinacionais etc. E o sistema econômico brasileiro está sofrendo profundos questionamentos em virtude da terceira revolução centífico-técnica, de base técnica microeletrônica, como salientou Srour (1992).

No sentido de enfrentar os desafios, as empresas dedicam-se, obstinadamente, a encontrar soluções para seus problemas, visando reduzir custos, aumentar a produtividade e a competitividade, sem prejudicar e até contribuindo para melhorar a saúde das pessoas.

Na prática, tal reação, por parte das empresas, vem acarretando uma intensificação do ritmo de trabalho, da pressão e do nível de exigências quanto aos resultados, um aumento da jornada de trabalho e, conseqüentemente, uma elevação significativa nos índices de doenças ocupacionais. Entre estas, destaca-se a tenossinovite ou tendinite, "lesão por esforços repetitivos" (L.E.R), que é hoje responsável por 60% das doenças ocupacionais, conforme dados do INSS e afirmações do professor Hudson Couto (1994). É certo que a competitividade do mundo moderno tem tornado a vida cada vez mais estressante, acabando por comprometer a qualidade de vida e a saúde do trabalhador.

Constatamos que, diante desse quadro, a Ginástica Laboral, aliada à Ergonomia, parece estar sendo a forma encontrada para lidar com os altos índices de doenças ocupacionais e acidentes de trabalho, que afetam significativamente sua produtividade, a qualidade de vida dos seus funcionários e, conseqüentemente, as impedem de falar em Qualidade Total, abalando seriamente seus níveis de competitividade.

Uma vez que os resultados vêm se mostrando bem mais que satisfatórios e até surpreendentes e que a demanda das empresas brasileiras vem crescendo, quanto à ginástica, acredita-se que já podemos falar em uma tendência.

E para reforçar essa crença, cabe lembrar que a Ginástica Laboral não é algo novo, surgiu no Japão por volta de 1930 e hoje é prática generalizada para toda a população, e não só nas empresas. Além disto, aqui no Brasil a primeira experiência (pioneira) ocorreu no Vale do Sinos (RS) em 1979 e, conforme podemos concluir, esta só não evoluiu por duas razões: os objetivos do projeto iniciado pela FEEVALE e SESI eram apenas de estudo e não havia naquela época uma mentalidade e um mercado que favorecessem a sedimentação da idéia.

Hoje, pelo contrário, além da pressão do mercado para a Qualidade Total, percebe-se uma evolução significativa da mentalidade e consciência tanto dos empresários quanto dos trabalhadores e da população em geral. A saúde como um fator indispensável para a qualidade de vida e esta como pilar da Qualidade Total nos apontam para uma forte tendência de crescimento dos investimentos na prevenção e na manutenção da saúde dos trabalhadores.

Aliando-se a todas essas razões verificamos que existe uma carência de investigações e publicações sobre o assunto. E, conforme o Ministério da Saúde, a ginástica ou o exercício físico é o maior promotor isolado da saúde não medicamento.

Em Virtude do exposto é que podemos afirmar que a Ginástica Laboral não é apenas uma onda passageira ou simples modismo, mas uma prática saudável e promissora que veio para ficar, com toda certeza!

CUSTO OU INVESTIMENTO?

Esta é a pergunta que você já deve estar fazendo, certo? Mas, afinal, quanto custa para implantar um programa de ginástica laboral? E será que vale a pena? Além disso, talvez você esteja pensando sobre como é possível para a produção interromper as atividades de trabalho para fazer ginástica e se isto não acarreta perda na produtividade. Adivinhei? Bem, na verdade, não tenho "bola de cristal", mas o contato com inúmeros profissionais e empresários mostrou que esta é uma das primeiras questões a surgir quando falamos sobre o tema.

E para responder lhe faço a seguinte pergunta: quem você acha que, provavelmente, produzirá mais e melhor: um indivíduo cansado, desmotivado, fatigado, com dores pelo corpo, estressado, deprimido, com baixa auto-estima e com sua saúde global comprometida ou aquele indiví-duo saudável, equilibrado emocionalmente, satisfeito, feliz e motivado? Se você respondeu que é o segundo está coberto de razão e, certamente, sabe que todo o investimento em saúde vale a pena. Mais do que isto, é indispensável.

No caso da ginástica, pode-se afirmar que os valores a investir não são altos, os resultados são surpreendentes, a produtividade, na pior das hipóteses, não diminui e a experiência mostra que ela aumenta significativamente. A parada não afeta negativamente os resultados, mas sim positivamente. A mudança é no paradigma, passando-se do enfoque curativo e reativo para o preventivo e pró-ativo. Isto exigirá um trabalho inicial de sensibilização e assimilação do hábito pela cultura das empresas. O que na prática fica bastante facilitado na medida em que os resultados começam a ser sentidos pelas pessoas e organizações.

Uma breve história contada pelo gerente de R.H. de uma das empresas pesquisadas ilustra bem a questão: conta-se que dois lenhadores receberam a incumbência de cortar uma quantidade "X" de lenha. Um deles era jovem, forte e inexperiente, o outro era mais velho e experiente. Eles começaram o trabalho. O jovem cortava rapidamente e sem parar, enquanto o mais velho fazia pausas durante o trabalho. No final, o resultado foi que o mais velho e experiente havia conseguido um número superior em sua produção, apesar das pausas. Explicação dada ao mais jovem: "Enquanto tu cortavas, eu parava e afiava o machado".

Assim, a história serve para reforçar a idéia já comprovada de que as pausas durante a jornada de trabalho são necessárias e fundamentais para o equilíbrio funcional dos indivíduos e, portanto, para sua capacidade de manter-se produtivo. É isto que significam as pausas para afiar o machado.

O esgotamento do trabalhador em atividades ininterruptas, repetitivas, monótonas e em muitos casos pesadas, insalubres, é que representa um alto custo para as empresas e um ônus ainda mais elevado para os indivíduos e a sociedade em geral, a qual arca, todos os anos no Brasil, com uma legião cada vez mais numerosa de mutilados e incapacitados para o trabalho produtivo e, em muitos casos, para a vida.

Neste sentido, lembrando Covey, é oportuno salientar que entre os três tipos de bens existentes, os humanos controlam os físicos e os financeiros. Explorar e desgastar excessivamente as pessoas, que representam a capacidade de produção, descuidando da sua saúde e bem-estar, é perigoso, arriscado, caro e prejudicial para todos.

A ORGANIZAÇÃO COMPETITIVA: CONCEPÇÃO TRADICIONAL E A VISÃO TRANSFORMADA

"Professora, até que ponto as empresas que estão investindo na educação e na saúde dos funcionários fazem isto porque estão interessadas em maior produtividade e lucro somente? Será que existe alguma preocupação verdadeira com as pessoas?"

Esta é uma pergunta feita inúmeras vezes por nossos alunos do curso de Administração, a qual já nos fizemos também. O que você acha que leva atualmente um número cada vez maior de empresas a adotarem políticas de incentivo e até subsídio ao estudo, prevenção de doenças, acidentes e estresse?

Para responder a essa questão, precisamos manter a coerência com a própria essência da vida, que é a mudança, e com o momento em que estamos vivendo e fazendo a presente análise. Assim, entendemos que a resposta está mudando todos os dias na medida em que vivemos uma época de rápidas, constantes e radicais transformações. Estamos sendo literalmente atropelados por elas. Vivemos um *período de transição* com todas as suas cores e formas, em que antigos e novos paradigmas convivem provocando inúmeras crises e no qual a competitividade é sinônimo de sobrevivência.

Antes de prosseguir é necessário apresentar alguns conceitos:

Qualidade: um produto ou serviço de qualidade é aquele que atende perfeitamente, de forma confiável, acessível, segura e no tempo certo às necessidades do cliente;

Produtividade: é produzir a máxima qualidade pelo menor custo possível;
Competitividade: significa ter a maior produtividade entre todos os concorrentes. O que realmente garante a sobrevivência das empresas é a garantia de sua competitividade.

—Lembramos que a melhoria da qualidade aumenta a produtividade, de acordo com Deming[2], e, portanto, é óbvio que incrementa a competitividade. Mas a produtividade só aumenta através de dois fatores: capital e conhecimento. O que significa que não há caminho possível para a qualidade e a produtividade que não passe pela educação. Cabendo salientar que todos estes conceitos são interdependentes.

Atualmente, os debates mantêm-se em torno de duas concepções sobre as organizações competitivas: a concepção tradicional e a visão transformada, conforme Kochann e Ussem[3].

A concepção tradicional caracteriza-se por visar acima de tudo ao aumento da riqueza dos acionistas e seus interesses próprios. Seu comportamento é oportunístico, suas estruturas hierarquizadas com divisões de trabalho bem definidas. Há um predomínio do autoritarismo nas relações e decisões e uma ênfase na especialização funcional. A participação do trabalhador é limitada e a tecnologia substitui o trabalho na função produtiva, como analisou Albuquerque (1992). Evidentemente, esta concepção contempla o modelo industrial de trabalho em conformidade com o paradigma da administração científica que surgiu na virada do século XIX para o XX através dos já conhecidos Taylor, Fayol e Ford.

Ora, por mais isenção que se pretenda ter ao analisar a obra de Taylor, inserida no contexto e época em que viveu e por mais que se reconheça seus méritos e intenções, não podemos fugir à realidade. O Taylorismo deixou-nos uma trágica herança, pois seus princípios conti-

---
2 - DEMING, apud CAMPOS, 1992, p. 1
3 - KOCHANN e USSEM apud ALBUQUERQUE, 1992.

nuam predominando até hoje, em um grande número de empresas. Sendo fundamental destacar que as concepções do ser humano adotadas são as do homo-economicus, que trabalha mais pelo interesse na recompensa financeira do que pela realização através do que faz, e a do homo-faber, que interessa ao sistema enquanto se mantiver ativo e produtivo.

Na realidade, o modelo industrial, nas palavras de Arvon[4] (1964), institucionalizou uma relação entre o homem e o trabalho, que separou a mente que cria da mão que executa, neutralizando a potencialidade humana de programar e realizar seu próprio destino. O homem é visto como uma máquina ou um *"organismo morto"*[5] que funciona na base do estímulo e resposta e cujo comportamento é determinado e previsível, de acordo com o Behaviorismo. A abordagem da Administração Científica foi, então, denominada teoria da máquina e não poderia ser diferente, já que sua organização racional do trabalho fundamenta-se na análise do trabalho operário, no estudo dos tempos e movimentos na especialização do trabalhador. Não é por acaso que, até hoje, denomina-se de Administração dos Recursos Humanos a área de administração das empresas, voltada para as pessoas. Um recurso ou um instrumento, é isto que o ser humano tem sido nas organizações. É por isso que podemos compreender bem o que significa e a coerência da expressão *"ferramenta gerencial"* com este modelo e a filosofia nele predominante. Por esta razão, não utilizamos, propositalmente, no título deste livro, a referida expressão, mas a trocamos por "caminho". É uma questão de coerência e fidelidade de princípios. Já que ferramentas combinam com máquinas, pensamos que caminhos são bem mais adequados ao ser incondicionado e transcendente que é o ser humano.

Nesse sentido, concordamos totalmente com Motta[6] quando afirma que o Taylorismo "implica numa alta desumanização do trabalho".

4 - ARVON, apud BOOG, 1995, p. 20.
5 - BOOG, 1995, p. 41
6 - MOTTA, 1986, p. 62

Na visão transformada, as organizações têm como principal objetivo atender aos diversos interesses e necessidades de todos os envolvidos nas organizações, ou seja, acionistas, funcionários, consumi-dores e sociedade. Sua função crítica é, na análise de Albuquerque (1992), coordenar a lealdade e o comprometimento dos participantes quanto à sobrevivência da organização e da rede social em que estão inseridas. As fronteiras são permeáveis entre unidades, papéis e organizações. A tecnologia não pode ser separada do trabalho humano e do contexto organizacional. Os funcionários são considerados como os melhores avaliadores dos seus próprios interesses. A participação, individual e coletiva, é fundamental para o alcance de mudanças e resultados nas modernas organizações.

Percebe-se logo a diferença quanto à visão do ser humano aí presente, a qual se encaminha para a concepção deste como *"homo-humanus"*. E por que dizemos que se encaminha e não que é? Porque em nosso entendimento, além de estarmos vivendo um período de transição, como já foi dito, esta visão transformada, embora represente grande avanço, não contempla ainda o ser humano em sua totalidade, ou seja, com sua dimensão espiritual.

Estas duas concepções predominantes coexistem atualmente nas organizações e determinam, como não poderia deixar de ser, discursos e práticas contraditórias e conflitantes, o que é possível identificar em uma simples conversa com trabalhadores. Ambas caracterizam a transição "na qual boa parte das empresas tem o pé esquerdo no caiaque embora o pé direito já esteja no jet-ski", conforme diz Boog.[7]

Acreditamos que o ser humano merece e deve ser visto a partir de uma abordagem integrada e holística da realidade. Adotaremos, portanto, a visão acerca do ser humano dada pela psicologia transpessoal, que é

7 - BOOG, 1995, p. 27.

descendente direta do enfoque holístico. O ser humano é visto, então, como uma "totalidade cuja estrutura específica emerge da interação dos níveis de consciência físico, mental, emocional, existencial e espiritual interligados e interdependentes", diz Tabone.[8]

Acreditamos firmemente que esta concepção deverá, nos próximos anos, substituir completamente aquela que o apresenta como ser fragmentado e robotizado conforme o paradigma newtoniano/cartesiano. E isto certamente se refletirá na visão transformada das organizações competitivas do futuro, as quais talvez nem sejam mais assim denominadas, mas tornem-se "organizações cooperativas", seguindo as tendências.

Desejamos estar vivos para compartilhar desta forma de vida em sociedade, e você?

---

8 - *TABONE, 1989, p. 166.*

"Assim como a busca do eu se torna uma busca da saúde, também a perseguição da saúde pode conduzir a uma maior autopercepção. A preservação torna-se sinônimo de integridade e toda a integridade é a mesma nessa busca."

(Ferguson, 1992)

A SAÚDE COMO UM VALOR

Mas, afinal, o que significa saúde? Por que muitos de nós quando ouvem essa palavra pensam logo em doenças, planos e/ou seguros de saúde, na ausência ou presença de dores etc.? Você, como percebe que está sua saúde atualmente? E a saúde de sua família, amigos, colegas? E seu(s) funcionário(s), sua(s) empresa(s) como anda(m)? Já pensou em fotografar sua empresa para uma análise mais apurada? Não?!! Então comece a pensar nisso logo, já que a saúde dos trabalhadores, assim como o lucro, deve ser considerado hoje como um indicador da situação da empresa, funcionando tal como uma verdadeira fotografia de sua real situação, de acordo com os médicos e consultores Dalpozzo e Masetti (1995).

É sempre bom lembrar que os altos e crescentes custos com a saúde dos funcionários concentram-se na sua maior parte em ações curativas e/ou paliativas. O enfoque e, principalmente, a atuação preventiva ainda permanecem bem mais no âmbito do discurso e de algumas ações tímidas por parte de poucas empresas e do governo. No entanto, percebe-se que há um forte movimento de conscientização tanto por parte dos trabalhadores como dos empresários em geral. Na medida em que os resultados começam a aparecer, abre-se uma porta para a convicção e a criação de raízes para tal enfoque e para uma mudança de hábitos. Quando isto começar a ocorrer, podemos falar em incremento da cultura organizacional e, conseqüentemente, da cultura de uma sociedade. Obviamente isto implica mudança de filosofia, aquisição e cultivo de novos valores e crenças.

Pois bem, parece-nos que, no Brasil, tendemos a pensar em saúde do modo como pensamos exatamente por razões culturais herdadas e pela própria exigência do capital para o qual os "corpos-saudáveis" dos funcionários são essenciais. Desde o século XIX, época em que os proprietários dos meios de produção da Europa já possuíam o entendimento de que "o vigor físico dos trabalhadores era essencial para o avanço do capital", conforme Soares (1994).

O pensamento médico higienista e o positivismo, bem como o conhecimento e as experiências do mundo europeu, influenciaram significativamente uma nova ordem econômica, política e social surgida no Brasil no século passado. Assim, a disciplinarização dos corpos, dos hábitos e da vida dos indivíduos era defendida em nome da saúde, da paz e da harmonia social, de acordo com a análise da autora.

Qual era o valor da saúde naquela época, qual o significado e que interesses estavam envolvidos? E de quem era a responsabilidade pela saúde dos indivíduos e da coletividade? Em que estágio estaria a conscientização das pessoas em geral sobre a saúde e sua manutenção? Refletir sobre isto é nossa proposta aqui, trazendo, porém, estas questões para o presente, aproveitando a história como um referencial quanto ao movimento evolutivo humano.

Sabemos que a cultura exerce importante influência em muitos aspectos da vida das pessoas, desde suas crenças e comportamentos, passando por suas percepções, emoções, línguas, religiões, estrutura familiar, alimentação, vestuário, imagem corporal, conceitos de espaço e de tempo até suas atitudes quanto à doença, dor e outros problemas, no que concordamos com Helman.[9] Certamente, tais aspectos se refletem direta e significativamente nas concepções de saúde e doença, bem como na atenção e no comprometimento para com ela. Embora a cultura de um povo e suas subculturas não sejam o único fator influenciador nesta direção, merecem um destaque especial.

9 - *HELMAN, 1994, P 24.*

No Brasil, se analisarmos nossa cultura, cujas raízes comentamos rapidamente, a respeito de saúde e também de educação (as quais caminham juntas) ficamos no mínimo chocados e tristes. O que assistimos ao longo de tantos anos foi o sucateamento das estruturas e recursos e um massacre escandaloso dos profissionais de ambas as áreas. Não que isto nos cause surpresa, mas sim pura indignação, estado este que desejamos cultivar como um termômetro de nossa saúde total, pois desejamos a todo custo evitar a alienação e o estado de letargia e acomodação que acomete muitos atualmente e sobre o qual Marina Colasanti nos alerta magnificamente em seu texto intitulado *Eu sei, mas não devia*. Em síntese, ela reflete sobre a capacidade infinita e a tendência que temos de nos acostumarmos com tudo, com qualquer coisa ou situação: "*A gente se acostuma a ser ignorado quando precisa tanto ser visto... a ser instigado, conduzindo, desnorteado... a gente se acostuma à poluição, à morte dos rios... a gente se acostuma a coisas demais, para não sofrer...*" e termina assim: "*A gente se acostuma para preservar a pele, evitar feridas, sangramentos... para poupar a vida. Que aos poucos se gasta e que de tanto acostumar se perde a si mesma*". Mas não é assim por acaso. É porque os valores e crenças que têm permeado e orientado nossa cultura e nossas ações são limitadas e limitantes. São os antigos paradigmas cerceando nossa visão e impedindo nosso avanço. Pois se saúde, conforme a Organização Mundial da Saúde, significa um estado de completo bem-estar físico, mental, social e acrescenta-se espiritual, em constante evolução e mudança, sendo que este acréscimo é para evidenciar a natureza holística da saúde (Capra, 1982) e ampliar a visão da medicina tradicional, perguntamos: Por que o investimento continua sendo tão predominantemente no aspecto físico e, assim mesmo, com tantas falhas? Por que tão pouco ainda é feito quanto à saúde coletiva? Por que é preciso perder para só então valorizar? E por que, muitas vezes, nem isto adianta?

Somos levados a relembrar o filme *Golpe do Destino*, protagonizado pelo ator William Hurt, que ilustra de modo brilhante e petrificante, a falta de sensibilidade que acomete governantes, profissionais de saúde (no caso do filme), administradores etc., tornando-os incapazes de se colocar no lugar de outra pessoa, compreendê-la e, assim, melhor atendê-la como cliente, como paciente ou funcionário. O filme mostra como somente um verdadeiro "golpe" que obrigue uma pessoa a viver uma situação semelhante à de outra pessoa pode acordá-la de sua apatia, de sua alienação. E o mais trágico em nosso país é constatar que nem isto é suficiente para muitos líderes e autoridades. Parece que nem mesmo a morte pode despertar aqueles que estão *"mortos em vida"*.

É sabido por todos que as condições da educação e saúde são caóticas no Brasil. No entanto, o que nos parece essencial, em primeiríssimo lugar, é que esta realidade seja encarada e aceita, especialmente por quem tem responsabilidade direta pela área. Não podemos lutar e vencer um "inimigo" cuja existência tratamos de negar, a não ser que existam fortes interesses em mantê-lo...

De qualquer maneira, em tempos de globalização, derrubada de muros, quando só se fala em Qualidade Total, não é mais possível fugir de uma constatação: no Brasil não temos e nunca teremos Qualidade Total enquanto persistir o atual quadro de educação e da saúde. Qualidade de Vida é condição para a Qualidade Total. Estas questões são, acima de tudo, de ordem moral e ética e clamam por integridade de caráter para que se vislumbrem mudanças.

A saúde é responsabilidade de todos, mas só se responsabiliza e compromete aquele que é livre para pensar e agir, sendo consciente de si mesmo e da realidade. A saúde é responsabilidade de todos, mas somente aquele que é consciente e, portanto, livre para escolher, pode se responsabilizar e com-prometer com idéias, valores e crenças. E assim se diferenciar. Quanto vale a saúde para você?

O AMBIENTE ORGANIZACIONAL, AS CONDIÇÕES DE TRABALHO E A SAÚDE DO TRABALHADOR

No momento atual, vivemos uma onda de desenvolvimento tecnológico e inovação empresarial sem precedentes na história. Seria de se esperar que todos os avanços trouxessem melhorias e aumentassem nossa qualidade de vida através de oportunidades de trabalhos mais criativos e desafiadores e de uma maior adequação dos processos de trabalho aos limites e necessidades da natureza humana. Na prática, entretanto, não estão se confirmando tais expectativas. E podemos constatar uma crescente preocupação com o lado mais sombrio destes desenvolvimentos, no que concordamos com Bowditch e Buono[10] (1992).

Os efeitos da tecnologia, bem como das mudanças na organização do trabalho sobre os trabalhadores, suas condições de vida, de relacionamento e saúde, vêm sendo estudados e pesquisados há muito tempo. Nosso objetivo aqui é revisar os aspectos mais importantes destes estudos a fim de possibilitar uma melhor compreensão da urgência de intervenções sérias e drásticas no âmbito da saúde dos trabalhadores, o que significa o mesmo que falar da saúde das organizações. Além disto, desejamos facilitar o entendimento sobre o potencial da Ginástica Laboral como prática terapêutica, preventiva e promotora da saúde individual e coletiva.

Apesar de todos os estudos enfocarem desde a adaptação homem-máquina e a automatização no deslocamento dos trabalhadores até os efeitos psicológicos dos aspectos desumanizantes do trabalho automatiza-

---

10 - BOWDITCH e BUONO, 1992.

do e das contribuições de inúmeros profissionais para que ocorram modificações nas políticas e programas organizacionais, o ritmo em que estas acontecem não acompanha a velocidade das transformações tecnológicas que atingem o mundo do trabalho. Isto significa necessidade constante de adaptação por parte dos trabalhadores, pressão excessiva e crescente, aumento de tensão e, conseqüentemente, do desgaste ou fadiga.

Muito embora Taylor acreditasse que não há lugar para tensões nas relações entre capital e trabalho, sabe-se que na realidade não é o que ocorre e o desgaste humano, tendo alcançado índices tão alarmantes, tem obrigado as empresas a representarem o seu sistema de gestão. O desgaste ou fadiga implica aumento dos riscos de erros e de acidentes, o que, sendo do conhecimento do trabalhador, acarreta-lhe o medo e um acréscimo de tensão. E isto gera um risco ainda maior de ocorrer a falha.

Ora, os programas de qualidade, reengenharia e outras formas de gestão têm exigido dos trabalhadores um ritmo cada vez mais intenso e rápido, bem como a excelência. Neste contexto, não há espaço para o erro e exige-se o máximo, sendo a pressão ainda maior e mais terrível devido ao fantasma do desemprego e à ameaça à sobrevivência não só do trabalhador, mas de seus dependentes. É evidente que todas essas condições incrementam a ansiedade e fazem crescer o cansaço. Assim, o próprio trabalhador, como explica Silva (1994), vai percebendo que fica difícil dividir-se entre atender bem suas tarefas e evitar os acidentes. E, como se não bastasse, o medo do esgotamento total, da estafa e do não suportar mais e parar. O esforço empreendido para controlar o medo gera enorme tensão.

Infelizmente, constata-se que os referidos programas de qualidade total que estão sendo implantados nas empresas brasileiras visam, em primeiríssimo lugar, ao produto final e ao aumento da produtividade. Não consideram, na sua maioria, a qualidade do ambiente de trabalho e do meio ambiente como um todo. Tudo isto reflete-se na saúde do trabalhador, área que vem enfrentando grandes dificuldades decorrentes das políticas econômicas, administração e gerenciamento de recursos humanos, conforme a revista CIPA (n° 193 – 1995).

A busca cega do aumento da produtividade tem sido traduzida em aumento da jornada de trabalho, com as hora extras excessivas transformadas em rotina, ritmo exageradamente intenso, pressão e controle sobre o trabalhador e seu trabalho extremamente rigorosos. Certamente estas condições são desfavoráveis e degradantes para o ser humano e, com seu crescente desânimo, tristeza, falta de disposição e motivação, perdem as empresas em produtividade e competitividade.

Acreditamos, como Albornoz (1988), que a organização legal do capitalismo moderno e a divisão social do trabalho geram inúmeras conseqüências para os trabalhadores que são alienados do produto e do processo de seu trabalho. O mundo do trabalho em que vivemos está submetido ao capital e aos interesses do capital.

— Decorre daí que todas as condições de trabalho prejudiciais ao ser humano, assim como as políticas de Recursos Humanos e programas de prevenção/promoção de saúde, sejam *administradas* de acordo com a ideologia e com a ética dominantes, ou seja, a do capital. Se associarmos, no caso do Brasil, as condições anteriores citadas com baixíssimos níveis salariais, carência educacional e de assistência à saúde, mais uma economia instável que não garante emprego a ninguém, chega-se a um breve esboço do quadro de vida dos trabalhadores.

E, recorrendo ao pensamento de Motta (1986), podemos afirmar que, quando a lógica da dominação e da opressão é generalizada, começa a se sobrepor à lógica da exploração, o poder mascara-se nas organizações e implica a redução da realidade aos critérios da utilidade. É assim que eficácia e produtividade passam a reinar absolutas na linguagem e no mundo da Administração, surgindo os métodos quantitativos de gestão e controle para reforçar a manutenção deste sistema. Tudo isto em nome, é claro, do crescimento e do progresso.

Embora não seja o nosso objetivo discutirmos em profundidade a questão do poder, não podemos ignorá-la, sendo fundamental para esta análise do ambiente organizacional que se pontuem alguns aspectos relativos ao tema. Assim, concordamos plenamente com Motta quando ele diz que a hegemonia da razão instrumental pressupõe a desvalorização do pensamento ético e da ação efetiva. A ciência, estando a serviço da produção substitui o pensamento utilitário e a lógica da produção, passa a influenciar diretamente a política, a educação, a saúde, o lazer. Temos, então, a lógica da dominação.

É evidente que neste contexto a criatividade, multidimensionalidade, a diferenciação não encontram espaço, visto que representam ameaça ao poder, ao sistema vigente. Chega a ser paradoxal, pois o movimento pela qualidade total exige pensamento crítico, espírito livre, autonomia e iniciativa, atributos que as condições de trabalho impostas e o controle rigoroso impedem, bloqueiam.

Ora, retornando, então, à concepção do homem total e à consciência de que mente, corpo e espírito formam um sistema integrado, de que nossa saúde expressa aspectos de nossos valores e de nossa relação com o trabalho, ampliamos significativamente a própria questão da saúde. Conseqüentemente, somos levados a concluir que o ser humano assim compreendido, se inserido no referido contexto organizacional, sob enorme pressão e tensão, tendo que adaptar-se a valores e crenças diferentes dos seus próprios, enquadrando-se em um padrão pré-definido, só pode sofrer tremendamente, certo? Sem dúvida, na realidade é o que se constata e o desgaste resultante deste processo de adaptação ou integração gera um número expressivo de doenças. Não há saúde que resista!

E, assim, o sofrimento dos indivíduos decorrente de inúmeras condições desfavoráveis em seu ambiente de trabalho continua intensificando-se na medida em que tal ética e lógica alimentam-se deste sofrimento e da alienação que surge como defesa. Autores como Dejours e Silva expõem e analisam profundamente estas questões e a forma como os trabalhadores, ao invés da ansiedade, distanciam-se da vivência dolorosa através da alienação.

É possível afirmar que, entre várias outras razões, a falta de sentido ou a perda do significado do seu trabalho, bem como a monotonia de um trabalho repetitivo, robotizante e alienante, determina em grande parte este sofrimento do trabalhador. Sobre isto, Codo (1994) diz que o trabalho que deveria ser sinônimo de humanização, portanto, liberdade, transformou-se em estranhamento, perda de si, tortura... *"os homens apagam-se frente ao trabalho"*.

O eterno conflito entre os objetivos da organização e os dos indivíduos e a dificuldade destes cumprirem todas as normas e expectativas contratadas acabam colocando em risco a saúde psicológica dos indivíduos.

As conseqüências para tal sofrimento são alarmantes no Brasil, onde os índices de acidentes de trabalho e doenças ocupacionais são altíssimos e vêm crescendo de forma preocupante. Isto é particularmente verdadeiro para os casos de L.E.R. (Lesões por Esforços Repetitivos) devido ao atual caráter epidêmico. Este é um dos reflexos do descaso das empresas no sentido de não investirem na prevenção, visando prioritariamente a produção sem interferir na organização do trabalho (Revista CIPA, n° 193 – 1995).

A experiência tem demonstrado e a psicologia explica que quanto mais as pessoas forem submetidas a um ambiente de rigidez, controles intensos, especialização, liderança autoritária, mais elas tenderão a comportamentos e atitudes antagônicas. Tanto é assim que podemos observar na prática como os índices de absenteísmo, rotatividade, dificuldades de relacionamento, apatia, alienação, entre outros, aumentam significativamente em ambientes com estas características. Evidentemente, tais condições são sinais de deterioração das relações entre as partes e fonte de insatisfação e adoecimento.

Neste sentido, devemos ressaltar que, aliado a todas estas condições prejudiciais, encontra-se o constante conflito entre sobrevivên-cia e realização, o qual ameaça, permanentemente, a saúde e o equilíbrio do indivíduo. Aquilo que gostamos de fazer e nos dá prazer tornou-se separado do que fazemos para sobreviver. Essa contradição é extremamente perigosa, em termos psicológicos, pois "solapa o auto-respeito das pessoas", nas palavras de Bettelheim (1985).

Uma outra forma de ataque à integridade do indivíduo pode ser observada em decorrência de atividades ou tarefas que atingem o corpo de forma agressiva e que, somadas às condições de vida precárias de muitos trabalhadores, levam a uma percepção do exaurimento e da transformação do próprio corpo. Isto, sem dúvida, leva a uma deterioração da auto-imagem e, portanto, da auto-estima, que é um termômetro fiel e importante das condições de saúde do ser humano. A saúde aqui entendida de acordo com sua natureza holística, conforme foi referido anteriormente no capítulo sobre saúde.

Vale a pena destacar o papel tão fundamental da auto-estima, uma vez que praticamente tudo o que se manifesta no ser humano, seja no plano físico, no mental ou no espiritual, está ligado a ela. Na verdade, em nosso entender, representa a energia vital do ser humano, aquilo que o sustenta, o faz brilhar e ir em frente, aconteça o que acontecer. O doutor Nathaniel Branden (1992), especialista no estudo da auto-estima, explica que esta reflete as visões mais íntimas que temos de nós mesmos, o julgamento implícito de nossa capacidade de lidar com os desafios da vida e de ser feliz. Ele confirma a relevância da auto-estima para o ser humano e sua sobrevivência em condições satisfatórias, referindo que não é possível imaginar nenhuma dificuldade psicológica – da ansiedade e depressão ao abuso de álcool e drogas, ao espancamento de companheiras e filhos, ao suicídio e crimes violentos – que não esteja relacionada com uma auto-estima negativa.

Sabemos que ao longo dos anos o ambiente e as condições de trabalho têm se constituído em fonte de intensas e constantes repressões, frustrações e ataques à auto-estima e à integridade do ser humano. Seu desgaste, fadiga e estresse ocorrem e vão se cronificando, pouco a pouco, em meio a uma série de agentes destrutivos, como a desqualificação, a falta de reconhecimento, o bloqueio do desenvolvimento e da manifestação de sua identidade e de sua humanidade. Lembramos que *humanidade* significa que é próprio do ser humano conversar com outras pessoas, expressar emoções e opiniões, desejar e sonhar, pensar e criar, ter uma filosofia de vida, valores próprios, ter fé e livre-arbítrio. Consideramos importante e oportuna essa lembrança, uma vez que muitos administradores e alunos nossos no curso de administração têm manifestado grande interesse e, mais do que isso, uma necessidade de conhecer melhor, como eles mesmos dizem, *"o funcionamento das pessoas, o que tem por trás de certas atitudes"*. Chamou-nos a atenção este tipo de solicitação e a carência demonstrada atualmente e ficamos satisfeitos, pois isto indica que há um movimento na direção de uma transformação da mentalidade dos atuais e futuros gestores. Mas é bom esclarecer que para todo aquele que desejar conhecer melhor as pessoas existem três orientações básicas a serem seguidas nesta ordem:

   1) Invista no seu no seu autoconhecimento e no seu autodesenvolvimento, com dedicação e amor;

2) Dedique-se a concentrar sua atenção e interesse nas pessoas, observe-as, respeite-as e deposite nelas tanto valor e confiança quanto você deposita em si mesmo;
3) Seja íntegro.

Aos poucos você vai perceber que, quanto mais confiança e disposição para o diálogo houver, quanto mais proximidade e autenticidade, menos dificuldades haverá. Suas percepções acerca dos outros se modificam e vice-versa. Então a idéia de que o funcionamento das pessoas é complicado e de que melhor seria administrar máquinas, como já escutei por aí, provavelmente se transformará. Quando prestamos atenção e valorizamos de modo autêntico os outros, percebemos e entendemos que as emoções básicas bem como os sinais para uma compreensão mais profunda do ser humano não estão "por trás", mas à sua frente, basta querermos de fato perceber e reconhecer. O ser humano é uma totalidade viva, seu corpo e gestos falam, seu olhar e respiração também, enfim, sua dor tem significado. É só prestar atenção.

Resta evidente que no âmbito das organizações a elevação e a manutenção da auto-estima em níveis adequados está intimamente ligada à qualidade das relações entre as pessoas e entre estas e sua empresa.

Levando-se em conta a visão do ser humano como totalidade, pode-se dizer que tudo o que ele faz – movimentos, pensamentos, comunicação falada, sentimentos – reflete a imagem que construiu de si mesmo. Para mudar seu modo de agir, o ser humano precisa mudar sua auto-imagem, o que significa uma mudança mais profunda na natureza de suas motivações e a mobilização de todas as partes do corpo (Feldenkrais, 1977).

Se isto é verdade, todo o trabalho ou atividade física que estimule as partes do corpo ou ele como um todo certamente deve provocar modificações – das mais leves e superficiais até as mais profundas, dependendo da situação – no nível das ações, das emoções, dos pensamentos, já que, holisticamente falando, o ser humano é um todo em que suas partes se inter-relacionam e cada uma representa este todo.

É evidente, até aqui, que a administração das empresas, enquanto baseada em uma ética capitalista, autoritária, em uma concepção cartesiana do ser humano como homem-máquina, tem acarretado muito sofrimento e prejuízos à existência humana. Muitos deles irreparáveis. As conseqüências atingem o indivíduo em sua totalidade e o grupo social, evidentemente.

No entanto, conforme os estudos empreendidos até aqui, a experiência e os contatos realizados recentemente com empresas (todas praticantes de ginástica), fica muito evidente a negativa destas em assumir a responsabilidade por certos prejuízos causados aos trabalhadores. A postura, em geral, é de atribuir, principalmente, os problemas ditos psicológicos ou mentais aos próprios trabalhadores. Ao mesmo tempo em que há uma tendência, começando a se manifestar, no sentido de enfrentar esta realidade. Seja porque os prejuízos causados à saúde do trabalhador e acumulados ao longo de muitos anos estão assolando os custos e a produtividade, seja pela evolução natural da sociedade global, o fato é que pouco a pouco já se ouvem representantes das empresas manifestando suas posições. Em um desses depoimentos, um diretor desabafou: *"É muito duro, mas temos que encarar que o trabalho em nossa empresa está deformando as pessoas. Não se pode falar em Qualidade Total sem deixar que exista a qualidade de vida dos funcionários".*

Por outro lado, observa-se que os próprios trabalhadores também têm muita dificuldade para encarar a situação, conforme demonstra o depoimento de uma funcionária de 30 anos de uma indústria, que sofre de tendinite e que já esteve afastada várias vezes e por longos períodos do trabalho: *"Eu prefiro não pensar no assunto e não conversar com colegas que têm o mesmo problema. Eles também não gostam de falar nisso. A gente sabe o que tem e pronto..."* Com lágrimas nos olhos e voz embargada diz que se sente à parte do *"grupo de colegas que não tem o problema"*, pois foi colocada em outro setor depois que voltou do seguro, de modo que só faz serviços leves que não a prejudiquem, mas se angustia, pois gostaria de fazer mais, de ajudar a participar normalmente. Sente-se "diferente" e sofre com a possibilidade de ter que voltar ao seguro, pois vai ficar sem trabalhar, recebendo menos salário e sem direito a nenhum benefício. São nítidos os sentimentos de marginalidade, de exclusão e de impotência diante da situação e a forma de enfrentar parece ser justamente não pensar, não encarar para não sofrer.

Sobre esta questão, a assistente social de uma indústria afirmou: *"As empresas estão se dando conta de que não adianta mais tratar as pessoas depois do problema instalado, pois existem várias conseqüências de ordem financeira inclusive. E que as máquinas e o ambiente de trabalho é que devem ser adaptados às pessoas..."* Ela prosseguiu dizendo que o funcionário que sofre de uma doença ocupacional como a tendinite e é afastado, quando retorna, é estigmatizado, o que acarreta uma série de prejuízos para a empresa e para a pessoa.

Conforme Goffman (1982), o estigma refere-se a sinais corporais com os quais se procura evidenciar algo de extraordinário ou de mau sobre o status moral de quem os apresenta. O autor propõe três tipos de estigma, entre eles o que ele denomina de "abominações do corpo" (deformações físicas). Um estigma tende a reduzir a valorização do indivíduo nele enquadrado, é resultante de um processo social e pode funcionar como meio de controle social.

A estigmatização é um fenômeno social, ocorre com freqüência no ambiente empresarial e é fonte de muita angústia, dor e sofrimento. É um processo extremamente desgastante tanto para as pessoas quanto para as organizações podendo-se afirmar que seu *custo* é alto para todos.

INDIVÍDUO E TRABALHO:
UMA RELAÇÃO MULTIDIMENSIONAL

A pesquisa que realizamos caracterizou-se por ser um estudo exploratório, ou seja, nos propusemos a investigar um assunto pouco conhecido e sobre o qual existem escassas publicações. Esta condição, caro leitor, deu-nos a liberdade de arriscar em nossas incursões, partindo de nossos conhecimentos, crenças e criatividade. Assim, construímos um roteiro para entrevistas e um questionário contendo aspectos e dimensões que julgamos serem importantes para iniciar o estudo. Estas dizem respeito à fisiologia, à psicologia, à sociologia e à política no contexto das relações entre os indivíduos e seu trabalho. Comentaremos aqui as principais, devido a sua relevância para a discussão e compreensão da proposta deste livro.

Capacidade de realizar trabalho físico constante

A fisiologia do trabalho estuda as funções do organismo submetido às muitas tensões do trabalho muscular.

O principal objetivo desta área é permitir aos indivíduos realizar suas tarefas sem fadiga exagerada. Com o progresso da mecanização, da automação e de muitos dispositivos que poupam trabalho, a tecnologia contribui muito para eliminar grande parte do trabalho físico pesado. No entanto, em muitas profissões em que a carga de trabalho parece excessivamente alta, é evidente que a única razão que torna possível a realização da tarefa está em desempenhá-la usando um trabalho intermitente, isto é, breves períodos de trabalho entremeados com curtos períodos de repouso. A tendência para eliminação do esforço físico convive com a necessidade de maior produção e eficácia, o que resultou num ritmo acelerado na maioria das operações industriais. Na realidade, a semana de trabalho mais curta culminou em uma maior intensidade de trabalho e, conseqüentemente, em um aumento significativo da tensão nervosa e estresse emocional. Assim, "o maior problema em muitas operações industriais atuais não é a carga física, mas sim o estresse mental e o ambiente de trabalho desfavorável" (Astrand e Rodahl, 1980, p. 411).

Sabe-se que a relação entre a carga de trabalho e a capacidade para o trabalho é influenciada por uma complicada interação entre muitos fatores internos e externos que devem ser levados em conta.

São eles:
Fatores somáticos (incluindo dotes genéticos): sexo, idade, saúde, dimensões corporais.
Fatores psíquicos: atitude, motivação.
Meio ambiente: altitude, pressão atmosférica alta, calor, frio, barulho, poluição do ar.
Natureza do trabalho: intensidade, duração, técnica, posição, ritmo, horário.

Não aprofundaremos as referências a estes fatores, pois fogem do objetivo. Exceção feita à motivação, que será posteriormente comentada, e à natureza do trabalho, que já vem sendo referida.

É importante salientar, conforme Astrand e Rodahl (1980, p. 412), que "o desempenho físico representa uma função de fatores psicológicos, especialmente a motivação, a atitude com relação ao trabalho e a vontade de mobilizar os próprios recursos para a realização da tarefa em questão".

Ritmos circadianos no ser humano

Os ritmos circadianos devem ser levados em conta sempre que se interpretar os resultados de experiências fisiológicas prolongadas. Eles constituem um fenômeno que ocorre na maioria dos indivíduos e que pode ser assim descrito: uma série de funções fisiológicas, tais como freqüência cardíaca, captação de oxigênio, excreção urinária de potássio e de catecolaminas, temperatura total, mostra alterações rítmicas nítidas no transcorrer de um período de 24 horas com valores caindo até o seu mínimo durante a noite (queda máxima por volta de 4 horas da madrugada) e subindo durante o dia, alcançando seu pico na parte da tarde. São regulados por relógios biológicos diferentes (Astrand e Rodahl, p. 433).

Os estudos mostram que essas alterações rítmicas nas funções fisiológicas estão associadas com mudanças nas performances.

Motivação

Quanto à motivação humana, em que pese existirem várias teorias bastante conhecidas do público em geral, não se pretende explorá-las neste momento. Considera-se fundamental apenas expor a idéia de que "ninguém motiva ninguém", como diz Bergamini (1987, p. 126). A teoria dos fatores higiênicos de Herzberg esclarece que estes não conduzem à motivação, fazendo apenas com que as pessoas se movam, caso deixem de existir, elas voltam ao estado de apatia. Cessa o movimento.

Esta distinção entre a motivação e movimento é essencial, pois leva a considerar a concepção mais ampla do ser humano ao invés da visão mecanicista, comportamentalista.

Nas empresas, ainda hoje, constata-se em predomínio desta última visão, que é parcial e fragmentada e administrada pelo movimento, na base do estímulo e resposta.

A movimentação está diretamente relacionada com a questão da liberdade, tema vasto e complexo, sobre o qual não se aprofundará este estudo. Interessa deixar claro que a motivação se processa nos indivíduos, de dentro para fora, e se quisermos que alguém faça alguma coisa, ele só o fará, de forma motivada, se conseguir ver nessa atividade uma possibilidade de atingir algum objetivo interno (Bergamini, p.127)

Murray diz que "um motivo divide-se em dois componentes: impulso e objetivo. O impulso refere-se a um processo interno que incita a pessoa à ação e pode ser influenciado pelo ambiente externo, mas é interno. O objetivo, ao ser atingido, representa o término do motivo ou sua saciação ou ainda redução. O objetivo pode envolver um objetivo externo, mas a cessação do impulso é por si mesma interna" (in Bergamini, p.127)

Assim, para a motivação existir, o que pode ser feito é a identificação dos objetivos que estão em jogo para o indivíduo, discriminando os mais importantes e disparando assim os impulsos comportamentais. Estarão criadas as condições para que o livre ato motivacional seja realizado.

Alienação e consciência

Conforme Hegel, a alienação parece a forma mais adequada para iniciar a exposição deste tema. Para ele, o ser humano é igual à consciência de si, "toda alienação do ser humano não é, por conseguinte, senão a alienação da consciência de si" (Basbaum, 1985, p.17)

Assim, a alienação do ponto de vista econômico-social é a perda da consciência de si, em virtude de uma situação concreta. O ser humano perde sua consciência pessoal, sua identidade e personalidade, o que vale dizer que sua vontade é esmagada pela consciência de outro, ou pela consciência social – a consciência do grupo. É uma forma de paraconsciência, ou seja, uma consciência particular incompleta, pela qual o ser humano perde parcial ou totalmente sua capacidade de decisão. Ele se massifica. Deixa de ser humano, criatura consciente e capaz de tomar decisões para se tornar coisa, objeto.

O trabalho e a educação aparecem, então, como fatores essenciais da alienação. Sob sua aparência humana, esses fatores ocultam na realidade a desumanização do homem. O ser humano, por natureza livre e consciente, passa a ser apenas uma coisa que trabalha e aceita o trabalho para subsistir, como parte de sua natureza, sob uma falsa consciência. Na realidade "ele se desominiza" (Basbaum, p.19).

Através da psicologia do desenvolvimento pode-se compreender o primeiro aspecto da percepção do corpo, é o *"eu corporal"* e "este permanece durante toda a vida como âncora para nossa autoconsciência, embora, isoladamente, não explique toda a experiência do "eu" (Alport, 1975, p.65).

A autoconsciência é a consciência de estar consciente e, segundo Capra, é a propriedade da mente a que ele chama de consciência (p.289, 1982).

A autoconsciência é a capacidade de ver-se do exterior, a aptidão humana para usar símbolos e pensar em abstrações como beleza, razão e bondade. Possibilita que as pessoas vejam a si mesmas como os outros as vêem e sintam empatia. A autoconsciência é uma característica que distingue o ser humano dos outros animais (May, 1988, p.71).

Quando se fala em consciência, necessariamente é preciso falar em liberdade e em responsabilidade, uma vez que estes atributos humanos caminham juntos. "Todas as conquistas que nos distinguem como homens são reflexo da nossa capacidade de pensar. Viver conscientemente é viver de maneira responsável em relação à realidade" (Branden, 1991, p.28 a 30).

A liberdade constitui-se na capacidade humana de contribuir, de agir no sentido de sua evolução e desenvolvimento. É um aspecto de autoconsciência que impede que a pessoa seja conduzida por seus instintos e pela "marcha automática da história, tornando-se um autômato". A conquista da liberdade exige que se opte por si mesmo e pela própria existência, o que implica reconhecer-se a si mesmo como individualidade e em responsabilizar-se. Conforme May (p.144), quando alguém opta conscientemente por viver, duas coisas acontecem: torna-se responsável e, conseqüentemente, livre e a disciplina exterior transforma-se em autodisciplina. Quer dizer, a pessoa aceita ou concorda com algo não porque recebeu ordens, mas porque estava livre para decidir. O indivíduo consciente, livre e responsável é capaz de realizar suas potencialidades, de criar-se a si mesmo e de transcender-se, desenvolvendo-se na direção daquilo que ele realmente é.

Mas na realidade do mundo atual, dito "moderno", esta que poderia ser a trajetória natural do ser humano acaba sendo muito dificultada e até obstruída pelas condições e situações de trabalho. Para chegarem à autoconsciência, as pessoas precisam começar redescobrindo os próprios sentimentos, o que só é possível através da percepção do próprio corpo. No entantos, a maioria das pessoas perdeu essa capacidade. Isto pode ser compreendido como "resultado de vários séculos a recalcar o corpo, transformado em máquina inanimada, subordinada às finalidades do industrialismo moderno". Tratam o corpo como um objeto manipulável, usam-no como instrumento de trabalho (May, p.89). Este é o caminho para a alienação que hoje predomina entre os trabalhadores, em níveis diversos da hierarquia e em índices lastimáveis e preocupantes. Neste sentido, a maquinização ou robotização referida por trabalhadores (e citada por alguns autores) refere-se "a uma automatização percebida por eles em si mesmos como que confirmando sua transformação em equipamentos" (Silva, 1994, p.227). Conforme esta autora, a impotência experimentada diante de tal situação contribui para que, provavelmente, ao invés da ansiedade, ocorra o distanciamento da vivência dolorosa em alguns trabalhadores. E assim, baseada em mecanismos de negação e de auto-repressão, surge a alienação (p.227).

Desde o século XVIII, segundo Foucault, vem se desenvolvendo a arte do corpo humano e, através do estudo e do controle dos corpos, estes são transformados em corpos dóceis (in Guareschi e Grisci, 1993, p.64). A questão do poder é fundamental aí. No entanto, não será aprofundada por fugir dos objetivos propostos.

É suficiente assinalar que a Administração científica e o Taylorismo, através do menosprezo pela capacidade pensante do ser humano, implicaram que o trabalhador se tornasse um ser alienado, não consciente da realidade e do mundo à sua volta. Nas palavras de Guareschi e Grisci:

"A não utilização de seu potencial intelectual cerceia a prática da linguagem, que, por sua vez, impede o estabelecimento de relações interpessoais e a construção de uma história de trabalhador é interrompida. A ausência de relacionamentos cooperativos que elevam a auto-estima acarreta isolamento e enfraquecimento afetivo. A conduta é reduzida à movimentação da máquina e ele já não é capaz de definir-se com clareza. A inviabilização de tais funções, devido a um trabalho fracionado e repetitivo, dificulta a formação da consciência de trabalhador e o transforma num ser alienado" (p.65).

...Esmigalhado, despedaçado em gestos insignificantes, repetidos indefinidamente, nosso trabalho pode ser um suplício. Esquecemo-nos às vezes, quando o relativo torpor e a regularidade da oficina nos oferecem o frágil refúgio do hábito. Mas eles, os chefes, não o esquecem. Sabem que o mínimo aumento da pressão, a mínima aceleração da cadência de trabalho, a mínima provocação por parte deles, fazem voar em pedaços esse fino invólucro onde às vezes achamos refúgio. Não temos nenhuma proteção. E eis-nos de novo feridos a vivo, o cansaço multiplicado pela exasperação...

(Linhardt, in Silvério A. *Trindade, Cidadania e Loucura*, Ed. Vozes, 1990)

Ingrid Cañete

O ESTRESSE, A DOR, OS ACIDENTES DE TRABALHO E AS DOENÇAS OCUPACIONAIS: DURAS CONSEQÜENCIAS DA RELAÇÃO HOMEM E TRABALHO

Não há mais dúvidas de que as rápidas e drásticas mudanças que vêm ocorrendo na filosofia e, conseqüentemente, na forma de administrar das grandes empresas estão acarretando graves prejuízos aos trabalhadores e um ônus altíssimo para toda a sociedade. As novas formas de gestão (T.Q.C., Reengenharia etc.), em nome do progresso e da evolução da humanidade, trazem consigo o fantasma do desemprego, níveis de pressão, metas, ritmo e jornada de trabalho muito além dos limites da natureza humana.

A exaustão física, mental e emocional que acomete a grande maioria dos trabalhadores pode ser relacionada diretamente aos elevados índices de acidentes de trabalho (inclusive os óbitos) entre os quais as doenças ocupacionais, com destaque especiais para as L.E.R. (Lesões por Esforços Repetitivos), que já adquiriu, hoje no Brasil, um caráter epidêmico preocupante. Estes dados refletem o descaso das empresas com a questão da saúde e, em última instância, com a dimensão humana.

Estresse, fadiga e esgotamento

A palavra estresse vem do latim e significa adversidade ou aflição. O estresse é basicamente definido como a resposta fisiológica ou emocional a um estímulo externo que origina ansiedade e tensão, conforme Rossi (1992, p.39). Ela refere que embora seja impossível viver sem ele, seu excesso pode causar danos físicos e emocionais irreparáveis. Sendo que os estudos indicam o estresse como uma barreira ao sistema imunológico no sentido de combater doenças (Rossi, p.28).

O Dr. Hans Selye define o estresse como qualquer pressão imposta à pessoa. Esta pressão pode ser de origem física, psicológica ou psicossocial (in Ross, 1992, p. 27).

Os primeiros sintomas do estresse são: alterações da respiração, enrijecimento da musculatura e tensão, especialmente nos ombros, pescoço e maxilares, dor de cabeça, nas costas e peito, mãos e pés frios e suados, irritação, fadiga crônica, dificuldade para dormir, fraqueza, prisão de ventre, diarréia, vômito, muito ou pouco apetite, dificuldade de concentração, aumento de consumo de cigarros e bebidas alcoólicas. Entretanto, se esses sintomas forem mantidos por muito tempo, a tensão tenderá a ser maior do que o organismo tolera e as conseqüências serão dramáticas, aumentando muito o risco de ataque cardíaco, derrame, hipertensão, insônia, úlcera, depressão, ansiedade, enxaqueca etc. Os estudos de estresse vinculado ao trabalho (work-stress) identificam os seguintes fatores laborais como estressores, segundo Kalimo (1987):

Estressores relacionados às experiências para realização das tarefas: compreende os aspectos que determinam a sobrecarga quantitativa e qualitativa, bem como a subcarga quantitativa do trabalho repetitivo e fragmentado e a subcarga quantitativa das atividades em que há escassas tarefas a desempenhar.

Organização e gerenciamento: falta de possibilidade de tomar decisões; burocracia; autoritarismo; gerência inadequada.

Papéis desempenhados: ambigüidade e conflito.

Problemática referente à carreira: falta de perspectivas de progresso, desinformação e critérios obscuros quanto a estas.

- Horários de trabalho inconvenientes.
- Limitação dos contatos interpessoais.
- Pouca segurança no emprego.
- Riscos físicos e químicos.
- Problemas de interface trabalho/lar (in Silva, 1994, p.75).

Esta autora considera ainda indispensável estabelecer correlações com indicadores de ordem psicológica, fisiológica, comportamental e clínica para caracterizar os riscos psicossociais do trabalho na mensuração dos efeitos destes estressores sobre saúde (p.75). Risco, aqui deve ser entendido, do ponto de vista da epidemiologia, como a probabilidade de que pessoas expostas a determinado fator ou elenco de fatores sofram danos em sua saúde. Pode-se ter, portanto, situações de trabalho que configurem alto ou baixo risco à saúde mental (Silva, 1994, p.75).

Existe um outro conceito que tem sido utilizado para descrever uma síndrome especial de esgotamento profissional, que é denominada por psicólogos sociais norte-americanos de *burn-out*. Chanlat (1990) define este quadro como "uma síndrome de esgotamento físico e emocional, compreende o desenvolvimento de imagens negativas sobre si mesmo, de atitudes desfavoráveis em relação ao trabalho e de uma perda de interesse em relação aos clientes" (in Silva, 1994, p.76). Conforme este mesmo autor, as pesquisas sobre *burn-out* se aproximam muito do modelo de estresse.

Conforme Rossi, o exercício é um componente importante no controle do estresse, porque possibilita que o indivíduo use o excesso de adrenalina produzida devido à tensão das suas atividades e reduza a ansiedade que a sua ocupação provoca. Ela também indica, no mínimo, 20 minutos diários de relaxamento da mente e do corpo (p.97) e comenta o fato de que um número maior de companhias está incorporando exercícios físicos à rotina do trabalho diário.

Estudos recentes indicam que as pessoas que se exercitam regularmente têm mais disposição para trabalhar e também gozam de saúde, o que reduz sua ausência no trabalho (Rossi, p. 45). Com relação ao horário de trabalho, os pesquisadores confirmaram o que milhões de trabalhadores já sabem. Muitas horas extras e trabalhos que requerem a mudança de turnos podem causar sérios riscos à saúde. Estudos sugerem uma relação entre trabalhar 50 horas ou mais por semana ou com mudanças de turnos e problemas nos ritmos de sono e gastrintestinais. A qualidade do sono sendo seriamente afetada por tais condições acarreta a fadiga e mais acidentes de trabalho. Em geral, ocorrem também distúrbios alimentares.

É fundamental, neste momento, falar-se sobre a fadiga, visto que, além de ser um dos principais sintomas de estresse, é também referida pelos trabalhadores com muita freqüência, constituindo-se um forte motivo para a aceitação da ginástica laboral.

A fadiga geral pode ser de natureza psicológica, normalmente associada à falta de motivação, falta de interesse, baixa capacidade de reserva, podendo também constituir um sintoma de doença. A fadiga física pode ser entendida como um estado de homeostase alterada em conseqüência do trabalho e do ambiente de trabalho, gerando sintomas subjetivos e objetivos. A natureza destes distúrbios ainda é pouco conhecida. Interessa aqui saber que os sintomas subjetivos da fadiga vão de uma sensação de cansaço até a exaustão completa e que os sintomas objetivos referem-se a alterações fisiológicas, tais como elevação da freqüência cardíaca (Astrand Rodahl, 1980, p.432).

A fadiga pode ser entendida como um desgaste e constitui-se num dos transtornos mais estudados por psicólogos do trabalho, ergonomistas e psicofisiologistas. A fadiga mental é indissociável da fadiga física, por essa razão adota-se, atualmente, a expressão "cansaço geral" para representá-las. Nos casos em que o cansaço se acumula ao longo do tempo, surgem os quadros designados como "fadiga crônica" ou "fadiga patológica" (Silva, 1994, p.80). Segundo esta autora, a fadiga crônica aparece como um cansaço que não cede ao sono diário, distúrbios de sono, irritabilidade, desânimo e, às vezes, dores diversas e perda de apetite. "Esse cansaço, passando então pela dimensão corpórea, se faz desgaste aferível em termos de danos orgânicos, além de conter o sofrimento mental de inúmeras perdas". Portanto, quanto maior o cansaço, menor a possibilidade de participação social e de lazer significativo. Cansaço acaba por tornar-se a ponte para a identificação de uma sujeição e de uma conseqüente alienação.

A fadiga crônica é explicada por Cuixart (1986, p.2) como um desequilíbrio prolongado entre a capacidade do organismo e o esforço que deve realizar para responder às necessidades do ambiente. Seus sintomas não aparecem apenas durante ou após o trabalho, mas são permanentes: instabilidade emocional (irritabilidade, ansiedade, estados depressivos); alterações do sono; alterações psicossomáticas cardíacas, digestivas. É causada por uma determinada carga de trabalho que vai se repetindo. Outros sintomas que merecem destaque são a diminuição da atenção, a lentidão do pensamento e a diminuição da motivação. A fadiga é um fenômeno maciço na experiência vivida pelos trabalhadores e acaba aparecendo sempre que conversamos com a maior parte deles. Certos aspectos da fadiga podem ser logo identificados com o sofrimento e o desinteresse. Muitos estudiosos já demonstraram o quanto a intensidade e a duração do trabalho são determinantes para a degradação das capacidades humanas, principalmente quando as pessoas trabalham habitualmente no seu limite. De acordo com Wisner, nestes estudos foram evidenciados o papel indispensável, porém limitado das pausas (1987, p.39).

Podemos associar a fadiga a uma capacidade de rendimento reduzida e falta de vontade para executar qualquer coisa. E, segundo Sell (1994), quando há fadiga muscular, o indivíduo consegue manter seu rendimento aumentando sua força de vontade. No entanto, a sensação de fadiga generalizada é subjetiva, a pessoa sente-se bloqueada, pesada, sem vontade ou disposição para nada. Ela poderá tornar-se crônica quando não houver equilíbrio entre a fadiga acumulada e o repouso num ciclo de 24 horas. Seus principais sintomas são: sensação mais intensa de cansaço ao acordar pela manhã, irritabilidade, tendência à depressão, apatia, mais suscetibilidade às doenças psicossomáticas, falta de vontade de trabalhar, perturbações do raciocínio, redução do nível de atenção, da velocidade de captação de estímulos e da capacidade física e psíquica. A fadiga, afirma Sell, não pode ser medida diretamente apenas através de indicadores, entre eles o relato da sensação subjetiva de fadiga (p.284).

Este autor faz distinção entre fadiga muscular e fadiga generalizada, sendo a primeira um evento agudo, dolorido e localizado, e a segunda, um sentimento difuso, acompanhado de inércia (apatia) e falta de vontade para executar tarefas. Na fadiga muscular, o rendimento do músculo diminui devido ao aumento da carga e/ou duração desta, ocorrendo também demora na execução de movimentos o que explica a dificuldade na coordenação senso-motora e, conseqüentemente, o aumento do risco de ações erradas ou atos inseguros.

A dor, o medo e o sofrimento

Conforme Dias (1995), um terço das pessoas sempre sente dor, trabalha com dor. Este é um dado extremamente significativo e que acarreta enorme sofrimento aos indivíduos. Ao mesmo tempo em que a dor causa sofrimento, ela é também a somatização do sofrimento psíquico ou mental, como será exposto a seguir.

A dor pode ser definida como "uma experiência desagradável, sensitiva e emocional, associada com tensão real ou potencial dos tecidos ou descrita em termos desta lesão", de acordo com a Associação Internacional para o estudo da dor (I.A.S.P.) (Lobato, in Mello Fo., 1992, p.166).

A dor, todos nós sabemos, é um sinalizador de que algo não vai bem, representa a existência, ou aproximação de uma ameaça à integridade estrutural ou funcional de nosso organismo. Além disto, a dor também significa, muitas vezes, um pedido de ajuda, de socorro, silencioso.

Interessa-nos aqui salientar a importância da reação da personalidade como um todo à percepção da dor. Esta reação é obviamente um ato global, uma vez que mente e corpo formam um conjunto indissolúvel, e, conforme afirma Schilder (1994), nesta reação é mais importante a reação da emoção e das funções superiores da mente do que a reação do corpo. Na prática, isto quer dizer que, quando nós sentimos dor, nesta hora o que nos interessa é a sensação e não o que a provoca e suas especificações. A dor toma conta de nós e concentramos nossa atenção na parte do corpo afetada.

A emoção é um fator importante na determinação, intensidade e manutenção da dor. Além disto, sabe-se que a resposta emocional básica do ser humano à dor é a ansiedade, a qual, por sua vez, potencializa significativamente a dor, reduzindo o limiar de tolerância a ela. Na verdade, torna-se um círculo vicioso, no qual a dor causa a ansiedade e esta aumenta a tensão muscular que acarreta um aumento da dor.

Este círculo pode ser constatado na maioria dos trabalhadores com os quais conversamos e ajuda a compreender como, convivendo com índices crescentes de pressão, condições já citadas, eles chegam facilmente a um limiar insuportável de dor e fadiga. Uma das conseqüências da dor pode ser a depressão, relacionada, entre outros fatores, com a limitação da capacidade física determinada pela dor. É sabido que a pessoa deprimida fica mais propensa a ter doenças infecciosas e até traumatismos, porque passa a se importar menos ou não se importar com seu próprio cuidado. Há uma redução da auto-estima e uma redução da atenção e da concentração em si e nas atividades que realiza. Estes dados são confirmados pelo doutor Eduardo Fernandes em artigo intitulado *O Corpo responde ao que é nocivo à mente*, no jornal "Zero Hora" (02.12.95).

A medicina psicossomática explica que as enfermidades são manifestações de uma falta de êxito na elaboração de níveis de tensão psíquica que acabam transbordando para o corpo, levando-o a adoecer. Pois, de acordo com o doutor Luiz Chiozza, médico argentino, "uma emoção não liberada se fixaria sobre os órgãos, transformando seu funcionamento". (Z.H., 02/12/95, p.4)

É interessante comentar a relação existente entre a consciência e a dor. Bender e Schilder observaram que o aparelho somático da consciência tem uma função protetora e que, quando este é danificado, havendo turvação ou redução da consciência, há um aumento na reação à dor e a impressão de que ela invade o corpo inteiro (1994, p.93). A dor em si significa um perigo para o organismo e os movimentos de reação a ela são uma tentativa de escapar de organismo e os movimentos de reação a ela são uma tentativa de escapar de uma situação perigosa. Neste caso, podemos considerar como provável que o cultivo da alienação ou a falta de espaço para a expressão da subjetividade humana nas organizações, funciona como potencializador das dores que acometem os trabalhadores, em todos os níveis hierárquicos. E isto dá muito o que pensar não é mesmo? Afinal, o que tem sido o trabalho, até hoje, para todos nós? Castigo, câmara de tortura, sofrimento e anulação do nosso EU? Ou fonte de prazer, de alegria, espaço para a realização de nossas potencialidades e desenvolvimento de produtos/serviços que, acima de tudo, revelem o desenvolvimento moral e ético do ser humano? Está provado que uma das principais formas de desencadear a liberação encefálica de endorfinas é a vivência do prazer. Neste sentido, nossas observações levam a concordar com Couto (1991) quanto a haver uma tendência maior para sentir dor por parte das pessoas infelizes ou insatisfeitas com a vida do que por aquelas que trabalham prazerosamente.

E, por falar em prazer, por que será que este encontra-se totalmente desvinculado do mundo do trabalho? Trabalho em nossa sociedade é sinônimo de dor, de sofrimento, de solidão e, atualmente, de estresse. Nas palavras de Albornoz (1988, p.39), "não há condições para introduzir-se nenhum prazer no tempo de trabalho, no mundo industrial falta o vínculo entre o trabalho e o resto da vida. Para agir livremente, deixa-se o tempo que sobra do trabalho. Assim, se separa totalmente trabalho de lazer, de prazer, de cultura, de renovação das forças anímicas, que deverão ser buscadas no tempo que sobrar do trabalho". E se não sobrar (é sabido que não sobra), pode-se imaginar a situação em que se encontram os trabalhadores. O sofrimento destes é evidente quando causado por sobrecarga física ou mental. Mas e quando as causas são de outra natureza? Certamente, é muitas vezes negado e negligenciado.

Na verdade, considera-se que na maioria das vezes o sofrimento do trabalhador é neglicenciado e, com base na experiência, uma das razões para isto é a visão parcial do ser humano e o desconhecimento sobre sua natureza essencial, sua subjetividade e sua realidade, seu mundo. Os dirigentes, empresários, gerentes, supervisores e mesmo técnicos, em grande parte "sofrem" desta ignorância e admitem isto, às vezes. Eles demostram medo, receio de uma aproximação com "as pessoas" dos trabalhadores. Existe uma fantasia de ameaça e agressão rondando a relação entre as partes. Por que será?! Alguma culpa? Ou apenas comodismo?

Estamos de acordo com Silva (1994, p.17) quando ela se refere a que diretores e gerentes de alto escalão, mais distanciados dos operários ou trabalhadores, encontram dificuldades para perceber o sofrimento mental destes. Assim, prosseguem tendo dificuldades para identificar as causas das falhas e fracassos da produção que são decorrentes do sofrimento mental engendrado pela situação de trabalho e pela organização prescrita para o trabalho. Através de suas pesquisas, Dejours demonstra que os executivos "oscilam entre duas posições: reconhecimento do sofrimento e descrédito do sofrimento" (p.72, 1987).

— Em nossos estudos e observações, pudemos constatar estas posições ainda hoje, o que certamente merece atenção e uma reflexão mais aprofundada de todos nós. Por que algumas pessoas, alguns profissionais, mostram-se tão capazes de desenvolver uma empatia (capacidade de colocar-se no lugar do outro e de sentir como o outro se sente) e mais do que isto uma solidariedade e um senso de justiça e de humanidade acompanhadas de um absoluto respeito pelos valores mais altos e outros "não conseguem"? Por quê?! Nós não temos resposta, mas acreditamos que ela passa pelo difícil terreno do autoconhecimento, da autocons-ciência e desemboca diretamente em uma zona de muitos conflitos e tortuoso acesso que é a dos interesses e prioridades, da decisão e da vontade, da dedicação e do investimento, do comprometimento de cada um, do caráter em última instância.

Muitas vezes, a dificuldade de olharmos para dentro de nós mesmos e encararmos nossos próprios sofrimentos nos impede de enxergarmos os dos outros, uma vez que estes provavelmente nos conduzirão, como um espelho, a este encontro tão temido.

Certa vez, conheci um empresário, para o qual trabalhei alguns anos gerenciando a área de Recursos Humanos. Costumávamos conversar seguidamente, sobre todos os assuntos, mas principalmente sobre a empresa e seus rumos. Ele era um dos que não gostavam de se aproximar dos funcionários, principalmente os da produção.

Numa destas conversas, acabei narrando com detalhes a história e situação de alguns funcionários que envolviam toda a precariedade de um contexto político, econômico, social e, claro, cultural. Ele ficou com os olhos marejados e a voz embargada, me perguntando mais sobre estas pessoas, mas com muita dificuldade. Estava visivelmente "tocado", incomodado. Lá pelas tantas, me pediu para parar de falar sobre aquilo e confessou que não conseguia se aproximar destas pessoas, pois sofria, era penoso para ele enfrentá-las. E embora eu tenha perguntado, ele não conseguia responder sobre o porquê de tamanha dificuldade. Ficamos de qualquer modo com a suspeita de que havia culpa nesta "relação".

Importa-nos aqui salientar que muitos sofrimentos e desilusões de ambas as partes, trabalhadores e empresários, devem-se à falta de um desenvolvimento e amadurecimento da relação. Aproximar-se, conhecer-se, perder o medo e confiar são as condições fundamentais para esta evolução.

Tendo constatado a dificuldade dos profissionais do mais alto escalão perceberem o sofrimento mental de seus subordinados, seguimos analisando esta questão, pois merece atenção especial com certeza.

O sofrimento como um efeito sobre o indivíduo, decorrente de suas relações com seu trabalho, tem sido alvo de estudos da Psicopatologia do Trabalho, cujo autor mais conhecido entre nós é Cristophe Dejours. A Psicopatologia do Trabalho preocupa-se em estudar a dinâmica mais abrangente relativa à gênese e às transformações do sofrimento mental relacionadas à organização do trabalho e, ultimamente, tem se voltado para "a análise da constituição do sofrimento mental" (Tragtemberg in Silva, p.13).

A Dra. Edith Seligmann Silva explica-nos que o sofrimento designa o campo que separa a doença da saúde e surge na medida em que esgotam-se todas as possibilidades de o indivíduo adaptar a organização do trabalho às suas necessidades e torná-las mais congruentes com seu desejo. Neste exato *momento* "começa o domínio do sofrimento e a luta contra ele" (p.15).

A dificuldade ou reticência em falar sobre a doença e o sofrimento foi constatada por Dejours em seus estudos. Ele refere-se a esta reação dos trabalhadores como uma das estratégias defensivas adotadas a qual ele denomina "ideologia da vergonha". Existe aí uma associação entre doença e vagabundagem, passividade, pois para que uma doença seja reconhecida e o médico seja procurado, é preciso que a doença tenha atingido uma gravidade tal que impeça a continuidade da atividade profissional. Quanto às suas características, a "ideologia da vergonha" refere-se primeiro ao corpo e, quanto menos se falar nele, melhor. "A gente não conhece o corpo e, para falar dele, é preciso que haja uma dor." Quando esta fica insuportável, o médico é procurado, mas então "a dor passa", o que revela o medo de que ele descubra algo, um corpo doente, incapacitado para o trabalho. Isto gera muita ansiedade.

A segunda característica refere-se à ideologia da vergonha de parar de trabalhar em que a "falta de trabalho torna-se em si sinônimo de doença" (Dejours, 1987, p.33). O autor explica que esta ideologia defensiva dirige-se à angústia referente à destruição do corpo enquanto força produtiva. Outra questão importante quanto ao sofrimento diz respeito à sua desqualificação naquilo que pode ter de mental, "o sofrimento mental e a fadiga são proibidos de se manifestarem numa fábrica"(p.121). Assim, nas consultas médicas, o sofrimento mental é disfarçado pela "medicalização" que visa deslocar o conflito para uma área mais neutra, desvalorizando o sofrimento em seus aspectos mentais.

Pode parecer absurdo, mas a realidade é exatamente o que ocorre e a experiência tem nos mostrado que de um lado temos o trabalhador "esforçando-se" para não se mostrar, nem se expor, e do outro temos o médico do trabalho "esforçando-se" para não perceber que aquela dor física terrível ou aquele mal-estar constante são símbolos de uma dor maior. A medicalização é bastante comum nos dias atuais e qualquer um de nós, provavelmente, já viveu ou escutou a história de alguém que passou por esta situação. Ela pode ser compreendida em função de muitos fatores, entre os quais interessa-nos salientar a pressão que os médicos sofrem do sistema produtivo, no sentido de não liberarem muitos atestados, pois o afastamento dos trabalhadores, evidentemente, afeta negativamente a produtividade. O médico, assim como qualquer trabalhador, também é uma peça da engrenagem e precisa apresentar resultados compatíveis com a exigência e a lógica do sistema.

Além disto, apesar de todos os avanços e novos paradigmas, na medicina ainda prevalece a visão mecanicista, fragmentada do ser humano, pela qual a tendência é enxergar e tratar somente o que é visível e passível de comprovação através dos tradicionais métodos científicos. É claro que as mudanças estão atingindo este campo e muitos profissionais, bem como a bibliografia médica mais recente, já refletem a evolução (vide a medicina psicossomática; a homeopatia e a própria medicina tradicional). Mas aqui é importante falar do que ainda predomina e compõe uma realidade que precisa ser enfrentada. Outro aspecto a ressaltar é a formação específica para médicos do trabalho, que embora já exista há mais tempo, somente em 1995 passou a ser exigida e regulamentada pela Consolidação das Leis do Trabalho (C.L.T.) através da alteração da Norma Regulamentadora Número 7. Isto significa que todas as empresas passam a ser obrigadas a ter médicos do trabalho e engenheiros de segurança, estando sujeitas à fiscalização do Ministério do Trabalho. A finalidade anunciada é promover a saúde e proteger a integridade do trabalhador através de postura e ações preventivas.

Isto, que deve ser considerado um avanço em termos de legislação, continua sendo alvo de preocupação no sentido de sua prática efetiva. E não nos referimos ao cumprimento obediente da lei, mas a uma questão mais profunda e complexa, pois abrange uma mudança de mentalidade, de filosofia e de ética que se traduzam em ações, em integridade e comprometimento por parte de todos.

O que foi dito quanto aos médicos do trabalho serem parte de uma engrenagem sofrerem pressões, vale também para os engenheiros de segurança e outros profissionais ligados à saúde e segurança nas empresas. Existindo ainda uma outro aspecto agravante de toda a situação, o qual só dificulta a possibilidade de identificação, tratamento e prevenção do sofrimento mental ou psíquico: é a enorme dificuldade que existe, em algumas empresas mais do que em outras, de realização de um trabalho multidisciplinar entre técnicos das diferentes áreas. Entre as razões para isto, encontram-se o ritmo de trabalho e a falta de tempo para se encontrar e pensar, discutir, o receio de expor os seus dados e a si mesmo, a visão fragmentada com tendência à especialização e a competição entre todos, predominando sobre o espírito de cooperação e a visão sistêmica ou holística.

Voltando à questão do sofrimento do trabalhador, queremos acrescentar que, clinicamente, o fracasso do funcionamento mental e a inadequação da organização do trabalho (conteúdo ergonômico) à necessidade da economia psicossomática não se traduzem, imediatamente, em uma doença somática. Manifestam-se primeiro como fadiga, uma vivência subjetiva que acaba por tornar-se uma queixa somática (p.130).

Por ser uma vivência subjetiva, vários autores desqualificam a fadiga como se fosse "psicogênica" ou simulação. A verdade é que a fadiga é, ao mesmo tempo, psíquica e somática. Não provém somente da sobrecarga de um órgão ou aparelho e pode encontrar sua origem também na inatividade, que significa uma repressão ou inibição da atividade espontânea. Na medida em que o sofrimento do trabalhador é uma realidade, constata-se que a ansiedade é um sinalizador importante e manifesta-se com mais finalidade e espontaneidade. A ansiedade e a tensão nervosa jamais são abandonadas pelos trabalhadores. "Enquanto estamos na fábrica, mesmo que não estejamos trabalhando, nunca ficamos descontraídos." Conforme Dejours (p.68), o medo do risco está permanentemente junto de todos os trabalhadores, independente da amplitude deste risco.

Durante a pesquisa, esta questão foi investigada até certo ponto e pudemos confirmar o que nossa experiência já indicara e os estudos de Dejours e de Silva confirmam. Percebemos pelas declarações dos entrevistados que, às vezes sem se dar conta, eles estavam expondo suas angústias e ansiedades principalmente devido aos riscos com os quais convivem. Ouvimos muitos depoimentos de pessoas que já haviam se acidentado ou alguns que por pouco haviam escapado. Pessoas convivendo com as conseqüências, como é o caso daqueles que sofrem de tendinite em estágio avançado. Pudemos constatar que os trabalhadores não gostam de serem lembrados daquilo que tentam evitar de modo penoso. Não é à toa que as campanhas de segurança encontram, normalmente, muita resistência. Afinal adotar medidas de segurança, usar os protetores e equipamentos lembra, permanentemente, o perigo à espreita e, certamente, dificulta a execução das tarefas, já que a ansiedade aumenta muito.

E então devemos perguntar: a dor causa o sofrimento ou este causa a dor? Ou será que devemos antes propor a seguinte questão: o que dói mais, a dor moral de quem a possui e por ela (a moral) está prisioneiro da imoralidade indolor que acomete aqueles que não assumem suas responsabilidades e põem a culpa no "sistema" ou a dor física e mental de perceber que "perdeu-se" de sua condição humana? Apenas podemos adiantar que a resposta depende de uma coisa chamada *"maturidade moral"*.

Ingrid Cañete

Acidentes de trabalho e doenças profissionais

Em função das condições e situações de trabalho e de outros fatores de ordem política, econômica e social, em parte já apresentados anteriormente, surgem pouco a pouco, ou mesmo bruscamente, as duras e por vezes irreversíveis conseqüências: os acidentes de trabalho, que, segundo a definição legal, englobam as doenças profissionais. Consideramos oportuno revisar esta definição a partir da Lei n° 6367, de 19 de outubro de 1976, que dispõe sobre o seguro de acidentes de trabalho a cargo do INSS, e dá outras providências. O capítulo II na seção I, artigo 2°, define o Acidente de Trabalho como "aquele que ocorrer pelo exercício do trabalho a serviço da empresa, provocando lesão corporal ou perturbação funcional que cause a morte ou a perda ou redução, permanente ou temporária, da capacidade para o trabalho". Em parágrafo único, equiparam-se ao acidente de trabalho, para efeitos deste regulamento:

I - A doença profissional ou do trabalho, assim entendido o inerente ou peculiar a determinado ramo de atividade e constante da relação que constitui o Anexo I;

II - O acidente que, ligado ao trabalho, embora não tenha sido a causa única, haja contribuído diretamente para a morte, ou a perda ou redução da capacidade para o trabalho.

Ah! Mas por que temos que falar sobre isto se nosso objetivo é a saúde do trabalhador, sua promoção e manutenção? Pois é, esta pergunta já nos foi feita diversas vezes através de discurso silencioso. Sabe aquele olhar que te deixa mais do que evidente o desejo de evitar o tema? Esta é a tendência da maioria dos empresários, executivos, profissionais de saúde e segurança, e dos próprios trabalhadores, por inúmeras e diversas razões, algumas já comentadas anteriormente.

Quando simplesmente lemos as definições acima, o que somos levados a pensar? E a sentir? Somos obrigados, no mínimo, a reativar nossa consciência: o trabalhador acarreta danos e lesões à nossa saúde, sim, incapacita e até mata. Independente de credo e religião, nosso sentido de como você encara a morte, acreditamos que estaremos todos de acordo ao afirmar que, para a maioria das pessoas, não é simples ou fácil, nem mesmo agradável falar sobre a morte ou lembrar dela, por maior naturalidade que se lhe imprima. Em grande parte, devido a fatores culturais, a morte está associada a sofrimento e perda, entre nós. Assim, é compreensível que seja evitado o assunto e tudo o que possa trazê-lo à memória.

Sabemos que morremos um pouco a cada dia, desde o nosso nascimento, esta é a dialética da vida: viver para morrer e morrer para viver. Mas realmente não apreciamos que ninguém nem nada venha nos atormentar com esta idéia. Isola!!

Queremos viver a qualquer custo, desejamos a vida. Por quê? Para quê? Para quem? E que tipo de vida almejamos ter? Filosofia barata? Não, humanidade pura e simples.

Você já parou, no mínimo uma vez nesta vida, para pensar sobre estas questões, não é verdade? E mesmo que não fique todo o tempo se perguntando estas coisas, no fundo, é esta a mola propulsora de sua existência, o seu propósito de vida, a essência de sua energia vital.

E o que isso tem a haver com acidentes de trabalho etc.?

Tem muito a ver, pois estas e outras questões que pertencem ao mundo interno de cada pessoa, dizem respeito à sua subjetividade. Nós funcionamos assim, você e qualquer ser humano funciona assim, inclusive aquele trabalhador que fica distante de nós, lá na fábrica ou naquele escritório onde raramente vamos. Ele tem desejos e sonhos como qualquer pessoa. A subjetividade humana é algo intangível, não quantificável, específico e único em cada indivíduo. E quando temos definições, como as anteriormente apresentadas, e outras orientações legais no âmbito das relações capital e trabalho, ou ainda quando analisamos a realidade do mundo do trabalho, no seu dia-a-dia, podemos constatar o quanto "essa tal subjetividade" fica esquecida e nem sequer é reconhecida.

Queremos lembrar e repetir que o Brasil é campeão em acidentes de trabalho, mesmo com estatísticas que não abrangem a totalidade do problema. No período de 1983 a 1992, foram registrados, pela previdência social, 9.135.490 acidentados do trabalho, sendo que, desses, 41.462 representam mortes; 52.415 são doenças profissionais e 229.412 são incapacitados permanentes. Somente em 1990 foram 5.355 mortes, ou seja, 446 mortes por mês e 14,8 mortes por dia (Monteiro, in Codo, 1995, p.254).

Queremos dizer que nossas empresas não se preocupam, não o suficiente, com a melhoria das condições de trabalho no que diz respeito à saúde dos seus funcionários, elas ainda não consideram a subjetividade destes. São recursos, são instrumentos e, portanto, não têm afeto, nem emoção, nem vida.

Podemos afirmar que, para nossas empresas, as pessoas não são pessoas, são máquinas ultrapassadas, de "custo baixo", facilmente descartáveis e cambiáveis, caindo em crescente desuso com o advento da automação. É verdade sim, pois é só isto que se pode concluir da forma como são concebidas e tratadas as pessoas. É claro que existem as exceções, mas estamos considerando aqui o quadro geral predominante.

Quando chega um equipamento novo comprado pela empresa, e que custou milhões, quais as preocupações e cuidados que o cercam? Já observaram como até cursos especiais são feitos, às vezes no exterior, para lidar com o tal equipamento. E o ambiente? Ah! Conforme o manual, deve ter tal temperatura etc. Mas, e com as pessoas, que cuidados e considerações de fato existem? Alguém já se preocupou, por acaso, em calcular os custos de tantas pessoas "estragadas" e "emperradas" para as empresas? Não? E o custo para as próprias pessoas, para seus familiares e dependentes? Também não? E para a comunidade, que afinal somos todos nós?

É preciso "cair na real", como dizem as novas gerações, antes que seja tarde! Isto não é dramatização, é realidade. E é neste mesmo contexto que vemos também empresas que já, há algum tempo, perceberam a urgência da transformação, mobilizando-se no sentido de tentar reverter a situação.

Muitas já se deram conta, por exemplo, que aquela mentalidade de encarar o trabalho brasileiro como mão-de-obra barata e descartável não cabe mais. Elas certamente já constataram e estão sentindo na própria pele o que a visão holística ou sistêmica explica muito bem. Fazemos parte de um todo maior e somos interdependentes, todos, uns dos outros, não há como fugir. O nosso mercado de trabalho está provando isto. Temos hoje uma grande quantidade de pessoas candidatas a um emprego, a uma vaga, mas poucos profissionais realmente qualificados. Temos quantidade, mas não qualidade.

Aquele profissional "sucateado" em termos de saúde pelas condições deterioradas de trabalho ou morreu ou foi afastado definitivamente do trabalho, transformando-se em custo para todos, ou voltou para o mercado, mas com muitas limitações.

Além disto, temos que considerar o agravante de que pouco investimento houve em educação e desenvolvimento de profissionais, portanto, vale o mesmo raciocínio. Quando libero para o mercado um profissional de baixa qualificação e vou buscar neste mercado um outro, provavelmente vou encontrar a baixa qualificação que outras empresas também descartaram. É importante lembrar que o baixo nível de instrução e qualificação é, certamente, um dos fatores que contribui para o aumento dos índices de acidentes de trabalho.

E então? Quem perde e quem ganha com tudo isto? Todos perdem, sem sombra de dúvida. As organizações e a sociedade do futuro serão aquelas que evoluírem do paradigma ganha/perde, típico da sociedade competitiva, para o paradigma ganha/ganha, característico da sociedade cooperativa e único caminho para o alcance da sinergia e do comprometimento, bem como da sobrevivência do planeta.

NOVAS FORMAS DE GESTÃO:
QUALIDADE TOTAL, REENGENHARIA...

Não poderíamos deixar de abordar, mesmo que de forma breve, as relações prováveis entre as novas formas de gestão e um aumento nos níveis de estresse, nos índices de acidentes de trabalho e doenças ocupacionais entre estas, especialmente, as L.E.R. (Lesões por Esforços Repetitivos), como são mais conhecidas.

Embora não se disponha ainda de bibliografia sobre tais relações, em virtude, provavelmente, de serem acontecimentos recentes, vamos tecer alguns comentários relevantes baseados em nossa pesquisa e nos diversos contatos mantidos com profissionais e empresas, até o momento.

As novas formas de administrar bem e a mudança na filosofia das empresas estão provocando um excesso brutal de pressão decorrente do alto nível de exigência quanto a cumprimento de metas, qualificação, ritmo de trabalho e número excessivo de horas extras, entre outros efeitos. Mas, além de todos estes aspectos, existe a ameaça de desemprego gerando medo e insegurança terríveis. Somando-se isto ao contexto político, econômico e social já referidos, temos uma panela de pressão prestes a explodir.

É fácil deduzir que tais condições acarretam uma ansiedade e um sofrimento, muitas vezes insuportáveis para as pessoas. Com o cansaço e o esgotamento físico e mental instalando-se, ficam muito mais predispostas a acidentar-se, bem como a desenvolver doenças ocupacionais (ou outras) e mesmo agravá-las.

Em contato recente com um colega da área de saúde atuando em uma indústria multinacional de grande porte e adepta da Gestão da

Qualidade Total, obtive a seguinte confidência: *"Eles não querem que se comente, mas após terem dado férias coletivas para o pessoal, devido à redução da demanda, o número de acidentes de trabalho aumentou tremendamente, chegando a assustar!"*
Um outro dado importante neste sentido foi o artigo publicado no jornal "Zero Hora" (1995), sob o título *Excessos trazem exaustão aos funcionários*, no qual a doutora Ana Maria Rossi faz sério alerta quanto às conseqüências destas novas formas de gestão e a desumanização do trabalho para os indivíduos. Ela afirma que devemos estar preparados, daqui para a frente, não só para a prevenção ao estresse, mas também para atender as crises, pois *"as pessoas não estão conseguindo suportar a pressão"*, diz ela. Assim, os índices de suicídio e divórcio têm aumentado em conseqüência deste processo.

Existem vários estudos que demonstram a correlação entre desemprego e risco de suicídio, citados por Silva (1994, p.258) e, como vivemos uma época onde todas estas transformações vêm provocando o desemprego em massa, podemos prever as conseqüências.

Vale comentar ainda o importante papel exercido pelas chefias/ gerências no sentido de exacerbar a pressão e, portanto, o sofrimento e o desgaste do trabalhador. Mesmo sabendo que estas sofrem pressões também e procuram ajustar-se ao sistema vigente, não podemos ignorar que muitas chefias em nome de um modelo autoritário, exageram na "dose" e abusam do poder do cargo, usando-o no sentido até de praticar um certo terrorismo. Se aliarmos esta postura das chefias às fantasias persecutórias que muitos trabalhadores já alimentam, temos um quadro de dor, muita dor, física, mental e espiritual.

Vejamos as palavras de Wanderley Codo, estudioso das questões ligadas ao sofrimento dos indivíduos nas condições de trabalho:

"A dor sem trégua, a incapacidade precoce, os vínculos incontestes entre trabalho e identidade, a ameaça ao ego pela destruição da capacidade de trabalho." Segundo Codo, as L.E.R. são um fenômeno há muito conhecido da medicina e, ao mesmo tempo, a mais nova epidemia, a mais característica das novas formas de visão do trabalho a que estamos observando, via informatização (1995, p.8).

Embora refira-se a elas e enfatize o problema das L.E.R. situando-o no âmbito da informática, sabemos que habita várias outras áreas do trabalho, salientando-se aqui a metalurgia. Ele refere-se a estas doenças profissionais como L.E.R. (Lesões por Esforços Repetitivos). Neste estudo, entretanto, adotaremos a nomenclatura LTC, Lesões por Traumas Cumulativos. Para evitar confusão, cabe, aqui, esclarecer estas diferenças.

A denominação da patologia não é homogênea em todos os países, muito menos no Brasil. Apenas o que se vê de comum são as possíveis causas da mesma: organização do trabalho e fatores psicológicos. Pode ser designada como LER; como LTC aqui no Brasil; RSI (Reptitive Strain Injury), na Austrália; como OCD (Ocupation Cervicobrachial Disorder) no Japão; ou ainda como CTD (Cumulative Trauma Disorders), nos EUA (Codo, 1995, p.8 e 9).

No presente estudo, é relevante definir de forma mais detalhada o que são as Lesões por Traumas Cumulativos (LTC), uma vez que, juntamente com outros acidentes de trabalho, constituem o alvo principal da Ginástica Laboral e razão pela qual as empresas estão adotando esta prática.

Lesões por traumas cumulativos (LTC)

"São lesões musculares e/ou de tendões e/ou de fáscias e/ou de nervos nos membros superiores ocasionados pela utilização biomecanicamente incorreta dos mesmos, que resultam em dor, fadiga, queda de performance no trabalho, incapacidade temporária e, conforme o caso, podem evoluir para uma síndrome dolorosa crônica, nesta fase agravada por todos os fatores psíquicos (no trabalho ou fora dele) capazes de reduzir o limiar de sensibilidade dolorosa do indivíduo" (Couto, p. 15).

A "tenossinovite ocupacional" é apenas uma das formas de ocorrência das lesões que, em conjunto, são denominadas de lesões por traumas cumulativos de origem ocupacional nos membros superiores.

As Lesões por Esforços Repititivos (L.E.R.): esta denominação surgiu em 1984, na Austrália, e foi adotada no Brasil pelo INSS. No entanto, causou muita complicação por ser adotada em lugar do diagnóstico específico de cada lesão (por exemplo: tendinite de músculo supra-espinhoso). Além disto, a repetitividade é apenas um entre os quatro fatores biomecânicos e outros fatores psicofísicos e sociológicos da realidade de trabalho (p. 15 e 16, Couto).

Portanto, atualmente no Brasil, usa-se somente a denominação L.T.C., Lesões por Traumas Cumulativos e não mais L.E.R., Lesões por Esforços Repetitivos, conforme Dias (depoimento, maio/1995).

Outra questão importante é a definição e diferenciação entre tenossinovites e tendinites, onde ambas caracterizam-se pela inflamação da fáscia que cobre os tendões dos músculos. Quando os músculos acometidos possuem uma cobertura por bainha sinuvial denomina-se o processo de tenossinovite e quando não a possuem denomina-se o processo de tendinite (Couto, 1991, p. 29). Ambas são as mais freqüentes e comuns conforme Codo (p. 10, 1995).

As Lesões por Traumas Cumulativos são conseqüências tardias do mau uso crônico dos membros superiores humanos. As principais causas são o uso de força excessiva, compressões mecânicas, alta repetitividade, posturas bastantes desfavoráveis de diversas articulações, aliados a uma série de outros fatores nocivos que, gradativa e cumulativamente, "vão comprometendo a integridade das estruturas, originando dor e incapacidade funcional, muitas vezes de difícil reversibilidade" (Couto, p. 16).

As principais causas das tenossinovites ocupacionais são a movimentação freqüente, período de repouso insuficiente. O principal sintoma é a dor, associada a edema e crepitação na região, "acarretando incapacidade funcional, a princípio reversível, e posteriormente irreversível, devido à dor constante".

A prevenção pode ser feita através de uma organização do trabalho que preveja: pausas de recuperação e rodízio nas funções, diminuindo-se a carga total de movimentos realizados (couto, 1991, p. 30 e 31).

Alguns outros fatores que contribuem para o surgimento das tenossinovites e LTC são o frio, a vibração, a postura estática do corpo durante o trabalho, a tensão, o desprazer e o perfil psicológico. Estes três últimos merecem ser destacados em função da realidade observada. A tensão excessiva "traz prejuízo para a nutrição sanguínea dos músculos e conseqüente possibilidade de metabolismo anaeróbico, dor muscular, fadiga e predisposição para as LTC". E, conforme Couto (1991), é freqüente "o nível de tensão excessivo nas linhas de montagem em que o ritmo de produção é determinado pela velocidade da esteira, sendo prática comum o desrespeito aos tempos definidos pela área de engenharia de métodos da empresa, obrigando a um trabalho rotineiro num ritmo muito acelerado, principalmente em épocas de picos de produção"(Couto, p.46 e 47).

Conforme Couto (1991, p.49), "pode-se afirmar que o sistema de trabalho proposto por Taylor, Ford e Gilbreth contribuiu para um significativo aumento das LTC". Ele também assegura que de acordo com estudos realizados, as mulheres estão mais predispostas a desenvolvê-las. As LTC de origem ocupacional vêm determinando um estado de incapacidade funcional porque os trabalhadores demoram a comunicar ao médico as queixas e sintomas (por ignorância), o diagnóstico é subvalorizado ou incorreto e o tratamento é feito incorretamente. Mas a principal determinante para uma evolução negativa é que, na maior parte dos casos, o trabalhador volta para o mesmo posto de trabalho que precipitou a lesão.

Couto coloca uma série de medidas para enfrentar o problema das LTC, entre elas o estudo biomecânico dos postos de trabalho, supervisores e médicos das empresas bem orientados para tal, formação de supervisores quanto à ergonomia, entre outros (1991, p.131 e 132).

A dor é uma queixa muito freqüente entre os trabalhadores e com certeza grande parte deles trabalha suportando as dores por várias razões, algumas já comentadas, sendo mais significativas aquelas relacionadas com o medo de perder o emprego. Como pudemos observar, muitas vezes a dor é desqualificada e somente é percebida e valorizada quando o quadro clínico já se agravou bastante. Isto está relacionado com a ignorância sobre a doença, tanto da parte do trabalhador quanto do médico.

No sentido de aliviar a dor, Codo recomenda exercícios especiais que, dependendo dos casos, podem ser técnicas de relaxamento para distensionar ou outros exercícios que fortaleçam a musculatura.

Porém, na fase aguda das LTC, qualquer movimentação, ativa ou passiva, é contra-indicada (p.104).

Recomendada, ainda, para a redução da repetitividade dos movimentos, medidas como o enriquecimento da tarefa, o rodízio dos trabalhadores, mecanização, automação e, quando as anteriores não são possíveis, é fundamental que sejam instituídas pausas de 5 a 10 minutos por hora, durante as quais os trabalhadores devem fazer exercícios de distensionamento a fim de melhorar a nutrição dos músculos (Couto, p.139).

Quanto à questão dos acidentes de trabalho, sua gravidade e prevenção, Wisner (1987) alerta para as barreiras existentes devido à falta de um estudo ergonômico correto das proteções e equipamentos de segurança e pelo conflito no qual se encontra o trabalhador: entre exigências de produção e recomendações de segurança. Além disso, os próprios especialistas em segurança freqüentemente vivem esta contradição, embora não consigam expressá-la ou mesmo tomar consciência dela. E caso consigam, na maioria das vezes prevalece a opção pela sobrevivência e por interesses próprios.

A pressão e o poder do sistema vigente e a força do capital têm vencido esta verdadeira guerra travada nos "campos laborais", onde os milhares de mutilados "produzidos" anualmente não nos deixam espaço para dúvidas. Afinal, a lei é bem clara quanto à definição da responsabilidade nestes casos, bem como no que se refere às orientações e medidas preventivas. Os empresários, com certeza, não ignoram a lei e, infelizmente, têm insistido em ignorar tanto a realidade quanto as condições de trabalho e suas conseqüências para a saúde dos trabalhadores e da organização. Poderíamos entender este funcionamento como um simples mecanismo de defesa, através do qual nega-se a realidade para abster-se da culpa e da responsabilidade.

E, se assim fosse, poderíamos também compreender este comportamento do empresariado como resultante de imaturidade, visto que a negação é um dos mecanismos mais primários utilizados pelo ser humano e característico da etapa infantil do ciclo evolutivo humano. E poderíamos então ser condescendentes e perdoar. Mas e se assim não for? E se a realidade, os dados, os depoimentos nos mostrarem, inapelavelmente, que existe má-fé, que existe consciência da situação e da responsabilidade, mas não há intenção de assumi-la? E se constatamos que há fuga consciente de certas responsabilidades e ausência de comprometimento para com os trabalhadores?

Como podemos entender e classificar tal atitude? Como é possível chamar de parceiros estes mesmos trabalhadores? Como é possível falar em Qualidade Total e propor que estes mesmos trabalhadores se comprometam com os interesses e metas da empresa?

Além da questão de ordem legal evidente, temos aqui, e acima de tudo, a questão de ordem moral e ética?

E, se estas questões não forem suficientes para sensibilizar para o problema, então devemos lembrar que existe a questão econômica. Os custos diretos e indiretos de todos os acidentes de trabalho registrados oficialmente e não registrados, se forem devidamente calculados, temos certeza, são assombrosos. Experimente fazer isto por amostragem, em sua empresa. Além disto, devem ser computadas todas as perdas em termos de produtividade[11] e de qualidade, ou seja, aquilo tudo que as empresas deixam de ganhar todos os dias, por não conseguirem manter as pessoas saudáveis, felizes, energizadas e comprometidas!!

---

11 - *Quebra de ritmo pela falta ou troca de pessoal afastado por profissionais menos qualificados e experientes e também pela necessidade de um tempo para integração e adaptação à equipe de trabalho etc.*

> *"Não somos seres humanos passando por uma experiência espiritual. Somos seres espirituais passando por uma experiência humana."*
>
> *(Teilhard de Chardin, in Covey –1989)*

QUALIDADE DE VIDA:
OS BENEFÍCIOS DAS ATIVIDADES FÍSICAS
PARA AS PESSOAS E ORGANIZAÇÕES

É milenar a sabedoria a respeito dos benefícios das atividades físicas para o ser humano, não apenas no sentido de garantir uma melhor forma física e condições de saúde geral como também na direção de um desenvolvimento e aprimoramento das qualidades morais. Na Grécia antiga, mais especificadamente em Atenas, a educação física era aplicada em conformidade com um ideal de educação voltado para os valores espirituais, o desenvolvimento do pensamento etc. (Santin, 1987, p.60).

A despeito de todos os modismos e da influência das diferentes ideologias e culturas de todas as épocas, uma verdade permanece imutável: o movimento, o exercício físico, é fundamental para o equilíbrio, prevenção e manutenção da saúde humana. Sobre isto, Becker Jr. (1985) afirma que "o movimento é uma necessidade básica do organismo".

Atualmente, é amplamente aceita a idéia de que as pessoas que praticam exercícios com regularidade são mais saudáveis e estão menos propensas a adoecer do que aquelas que não o fazem (Lamb, 1978).

O condicionamento físico melhorado coincide com uma melhora no estado de ânimo, sensação de bem-estar, saúde e performance no trabalho sedentário, conforme pudemos constatar em nossa pesquisa e de acordo com explicações de autores como Shepard (apud Vogel et alii, 1978).

Nos últimos anos, fala-se muito em qualidade de vida, esta expressão se popularizou e pode-se dizer que até se desgastou. No entanto, constata-se hoje preocupação e conscientização crescentes com esta questão. Nas empresas pesquisadas, observou-se o uso freqüente desta expressão por pessoas de todos os níveis hierárquicos inclusive para referir-se à Ginástica Laboral. Elas entendem que este tipo de iniciativa contribui para a melhoria de sua qualidade de vida. É necessário, então, que se esclareça o que significa a Qualidade de Vida no Trabalho (Q.V.T.) no contexto da Administração de Recursos Humanos.

Conforme Fernandes (1994, p.42), "qualidade de vida no trabalho é a gestão dinâmica e contingencial dos fatores físicos, sócio-psicológicos e tecnológicos que renovam a cultura e determinam o clima organizacional, refletindo-se no bem-estar do trabalhador e na produtividade das empresas" (in Radici).

Walton (1973) refere que "a expressão Qualidade de Vida tem sido usada com freqüência para descrever certos valores ambientais e humanos, negligenciados pelas sociedades industriais em favor do avanço tecnológico, da produtividade e do crescimento econômico"(In Rodrigues, p.81).

— Este mesmo autor propõe oito categorias conceituais para a pesquisa de Q.V.T., entre as quais destaca-se aqui a segunda categoria, denominada Condições de Segurança e Saúde do Trabalho, em que ele reforça a necessidade de horários razoáveis reforçados por um período normal de trabalho padronizado; condições físicas de trabalho que reduzam ao mínimo o risco de doenças e danos, entre outros. Cabe ainda destacar a preocupação com o enriquecimento dos cargos e a autonomia; com a integração social do trabalhador, a oportunidade de lazer e de tempo com a família, a educação e o desenvolvimento; remuneração adequada e justa e a preocupação com a valorização do trabalho e o incremento da auto-estima do trabalhador. Walton prevê ainda que as mudanças das condições organizacionais "ocorrerão num passo mais lento do que a do aumento das expectativas do empregado", situação que trará maior alienação para o trabalhador (in Marcus Rodrigues, p. 85).

A partir destas definições, não é preciso refletir muito para concluirmos que temos, na atualidade, no âmbito das organizações brasileiras, um amplo predomínio do discurso em detrimento da ação comprometida, pelo menos quanto à Q.V.T.. Entretanto, embora com atraso de algumas décadas em relação a países como a França, já estamos falando e discutindo, refletindo sobre o tema. É um passo importante no processo de mudança, mas que não fique somente nisso. Existe muito a ser feito e é aqui que entra a atividade física ou a Ginástica Laboral. As definições de Q.V.T. referem-se claramente à gestão de fatores sócio-psicológicos e de clima organizacional assim negligenciados pelas sociedades industriais.

Sabemos, hoje, que o exercício físico tem efeitos bastante abrangentes, os quais podem contemplar vários destes fatores e valores. Na verdade, estimula todas as funções humanas no sentido de estabelecer um equilíbrio entre as mesmas.

Os resultados das pesquisas nos EUA, por exemplo, têm demostrado os seguintes efeitos das atividades físicas: redução da ansiedade; melhoria do bem-estar e do humor; ânimo e disposição; redução da depressão; de estresse e de estados emocionais negativos; aumento da capacidade imaginativa ou criatividade; redução da tensão; melhoria da auto-estima e do autoconceito; facilitação do funcionamento cognitivo e melhoria da performance no trabalho. Além disto, aumenta a sensação de autonomia e de eficácia pessoal bem como de autoconfiança, o que gera maior motivação e energia para enfrentar desafios. Conseqüentemente, o indivíduo valoriza mais seu trabalho e compromete-se realmente (Rodin e Plante, 1989). Os autores comentam que as pessoas que praticam alguma atividade física, mesmo que seja por 10 minutos, 3 vezes por semana, percebem a importância de cuidarem de outros aspectos de sua saúde, tais como o controle do peso e qualidade de alimentação (p. 128 e 129).

Os dados do exemplo são úteis para esclarecer o que pretendemos dizer com efeitos abrangentes do exercício físico, pois ao invés de atingir somente o físico, como o nome sugere, esta prática atinge a totalidade do ser humano em suas diferentes dimensões (física, mental e espiritual). Os efeitos são muitos variáveis de indivíduo para indivíduo, conforme suas características específicas de personalidade, nível sociocultural etc. Variam também de organização para organização de acordo com suas características particulares e muito em função de sua filosofia, princípios e comprometimento para com a saúde e qualidade de vida de seus funcionários. Mas, potencialmente, a atividade física bem orientada e fundamentada em valores éticos tem todas as condições de beneficiar indivíduos e organizações, pois é uma prática educativa que visa ao desenvolvimento do ser humano em todos os aspectos de forma criativa.

A terapeuta corporal Barbara Iwanowice (1994, p.67) explica e confirma que "não existe nada em nosso organismo que não esteja relacionado com o seu funcionamento na sua totalidade... quando estamos trabalhando as emoções, no momento em que conseguimos vivenciá-las, colocá-las para fora, percebê-las, conseguimos tirar as tensões corporais, mudar o estado fisiológico etc."

Esta autora, assim como tantos outros estudiosos, confirma aquilo que pudemos observar e ouvir das inúmeras pessoas que entrevistamos. É simplesmente impossível e absurda a separação do aspecto mental, psicológico, do funcionamento biológico, especialmente em processos de educação e de reeducação.

Entre os importantes benefícios dos exercícios, um tem especial valor e significado para este estudo, ou seja, a produção de endorfinas, agentes químicos com a mesma composição da morfina e que, portanto, causam a alívio temporário da dor, independente de sua origem (Wes, in Rossi, p.107). Além disto, o relaxamento, que é um tipo de atividade física, é capaz de reduzir significativamente a ansiedade e a conseqüente tensão muscular que a acompanha, como já vimos anteriormente. O relaxamento leva o indivíduo a sentir-se emocionalmente melhor dominando estes estados e a ter melhor saúde física e mental (Lipp, p.68).

Há muitos anos, Don Kendall, presidente da PepsiCo afirmou: "You can't run a successful company with people only half well".

E acrescentou:

"Nós da PepsiCo acreditamos que programas de saúde e de condicionamento físico trazem uma significativa contribuição para o bem-estar de nossos funcionários e, conseqüentemente, para os negócios" (King, in Willians e Wallace, 1989). Nesta empresa, a atitude dos empregados em relação a ela melhorou significativamente, eles sentiram que a empresa estava preocupada com a saúde deles. Além disto, foi constatado que o papel do profissional de saúde (professor ou instrutor) é muito importante para as relações entre funcionários e entre estes e suas chefias. Os trabalhadores desenvolvem uma forte relação de confiança com o professor. Nesta experiência da PepsiCo, foram evidenciados dois fatores fundamentais para o sucesso de um programa de atividades físicas na empresa: a participação e o envolvimento das chefias e gerentes e o sentimento, por parte dos trabalhadores, de que o programa é deles, pertence a eles (King, 1989).

Este outro exemplo mostra claramente os benefícios possíveis para ambos, empresa e indivíduos, fortalecendo a relação entre as partes e com certeza contribuindo para a promoção da saúde e da qualidade de vida. É bom lembrar que um dos fatores mais estressantes para os trabalhadores e também para os administradores é o nosso velho conhecido conflito de interesses (capital x trabalho). Ora, se as empresas adotarem medidas como a Ginástica Laboral, orientadas sinceramente por valores humanos e éticos e se comprometerem, quem sabe não será possível uma redução deste conflito? Por que não?

Continuando a falar dos benefícios dos exercícios, podemos afirmar, de acordo com Layman, que o aumento da resistência física é acompanhado de um aumento da resistência psíquica, pois as duas áreas, como vimos, são indissociáveis (in Pulcinelli, p.21).

Através de inúmeros depoimentos, pudemos compreender e constatar o quanto esta afirmação é verdadeira. As pessoas referem que através da *ginástica* "os problemas vão saindo pelos movimentos", "a gente relaxa e sente um alívio, uma paz", e que percebem várias mudanças, desde um cuidado maior consigo mesmo até uma maior disposição par enfrentar o trabalho e a vida. Encontramos pessoas que referiram até sentirem-se mais dispostas para o lazer e o divertimento, já que antes da prática da ginástica estavam sempre cansadas e sem energia.

É evidente que estes resultados podem ser melhor compreendidos a partir da visão sistêmica e não deixam dúvidas quanto a um acréscimo na qualidade da vida destas pessoas.

Quanto à qualidade de vida, Lamb (1978) explica que alguém que seja fisicamente capaz pode fazer mais coisas com menor esforço físico e emocional do que alguém que não o é, o que por sua vez denota uma maior qualidade de vida. E, segundo Costa (1988, p. 540), "a melhoria da condição física com o treino pode contribuir diretamente para a melhoria da qualidade de vida" (in Pulcinelli, p. 30).

Conforme Rey (1963), a ginástica laboral compensatória demonstrou ser eficaz na redução dos índices de acidentes de trabalho. Ao incluir-se a ginástica naqueles horários em que comprovadamente, os acidentes ocorrem com freqüência, ou seja, às 10h e entre 15h e 16h, devido ao cansaço mais agudo, foi superado o problema através da eliminação desta condição desfavorável (in Pulcinelli, p.27).

Os depoimentos da professora Fátima Michielin confirmam que associada à Ergonomia, a Ginástica Laboral contribui para melhorar a qualidade de vida do trabalhador, o que comprovadamente gera ganho em produtividade.

Segundo King (1989), num programa de condicionamento físico existem benefícios muitos difíceis de se quantificar, embora seja importante buscarem-se maneiras de demonstrá-los. O autor assinala as dificuldades encontradas para medir resultados nesta área. Estas dificuldades também foram verificadas durante a realização da presente pesquisa.

Quanto ao aumento da produtividade como resultado da prática de exercícios físicos, Gaelzer (1985) refere que não deve ser proposta ao trabalhador tendo como objetivo principal o aumento da produção individual, pois esse aumento será uma conseqüência natural se o trabalhador se realizar como pessoa, desenvolver-se e passar a sentir-se melhor no seu ambiente de trabalho (in Pulcinelli, p.54).

Uma importante consideração é feita por Pulcinelli (1994, p.106) quanto à prática e os resultados das atividades físicas nas empresas. Ele analisa que "é preciso superar certos preconceitos em relação ao caráter utilitário destas, decorrentes, principalmente, dos históricos conflitos ideológicos entre capital e o trabalho". O autor sugere que sejam vistas e valorizadas as vantagens que ambas as partes alcançam com tal prática. O trabalhador ganha em saúde e qualidade de vida e o empresário ganha em produtividade decorrente destas condições favoráveis de seus funcionários.

Entretanto, nunca é demais ressaltar que, para superar tais preconceitos e conflitos, há que haver bem mais do que discurso e intenção, honestidade e, mais do isto, integridade, por parte dos empresários.

Conforme Covey (1989), a integridade significa uma postura e atitude perante todos, orientada pelos mesmos princípios e evitando-se qualquer tipo de comunicação enganosa, venenosa ou abaixo da dignidade do ser humano. Esta comunicação pode ser por meio de palavras ou comportamentos, para haver integridade "a intenção não pode se enganar".

E finalmente, falando-se em Qualidade de Vida no Trabalho e integridade de atitudes, é necessário esclarecer que uma série de condições e de transformações fazem-se imprescindíveis para alcançarmos a referida Q.V.T. Conforme ficou demonstrado aqui, a atividade física ou Ginástica Laboral é um excelente agente de mudanças e de prevenção no campo da saúde e bem-estar do ser humano. É capaz, inclusive, de reduzir acidentes de trabalho e outros problemas mesmo nas condições mais adversas. Mas não faz milagres! É fundamental que haja uma tomada de consciência e que medidas urgentes, como a renovação das formas de organização de trabalho, sejam adotadas o mais rápido possível. Nossas organizações estão vivendo um estado adiantado de deterioração e sua sobrevivência, bem como a de seus "colaboradores", está seriamente ameaçada. É inadmissível falar em Qualidade Total nos dias atuais, e até uma heresia, se não houver investimento real em qualidade de vida das pessoas. Você está de acordo?

Ingrid Cañete

ADMINISTRAÇÃO DE "RECURSOS HUMANOS" E A SAÚDE DO TRABALHADOR: UMA REFLEXÃO

Pois bem, acabamos de falar sobre a questão da qualidade de vida no Trabalho, destacada, propositadamente, antes de abordarmos a gestão e políticas de "Recursos Humanos" nas empresas. Pretendemos que a razão para isto vá ficando clara até o final deste capítulo. Nossa proposta aqui é convidar você a fazer, junto conosco, um exercício de pensar "crítico" (no sentido construtivo da palavra) a respeito do que tem sido, do que é atualmente e daquilo que pode e deve vir a ser a atuação da Administração de "Recursos Humanos" em nossas organizações. Sentimo-nos à vontade para fazê-lo em virtude de sermos profissionais da área, com muitos anos de experiência, inclusive no nível gerencial. Portanto, nos incluímos como partícipes do processo e entendemos que as críticas e reflexões aqui contidas constituem-se, primordialmente, em exercício de auto-análise. Nosso interesse e compromisso é, acima de tudo, com a busca da verdade e de um crescimento e amadurecimento da área de R.H. para que esta possa, num futuro próximo, fazer jus a uma mudança de nome, como muitos colegas já vêm propondo.

No presente, entretanto, acreditamos que sua atuação, no âmbito geral, vem sendo coerente com a denominação atual. As pessoas vêm sendo realmente concebidas e tratadas como recursos, instrumentos ou ferramentas para a produção e o alcance do lucro. E deve ser por isto, obviamente, que nelas a capacidade para pensar e criar vem sendo atrofiada progressivamente. Deve ser por isto também que algumas empresas e organizações ligadas a Programas de Qualidade Total andam tão preocupadas e mobilizadas no sentido de compreender que "fenômeno" é este que está ocorrendo! Não seria uma "mutação genética" ou o surgimento de uma sub-raça? Mas é claro que não! Ocorre que pessoas tratadas, não só pelas empresas, mas por todo um sistema social, como objetos/recursos acabam se "acostumando" e, às vezes, quase que se convencendo de que são mesmo coisas e como tal não podem e não devem pensar, nem criar e muito menos tomar decisões. Este efeito, aqui descrito muito superficialmente, após dezenas de anos, está mostrando suas conseqüências desastrosas.

Recentemente, ouvi o seguinte depoimento de funcionários de uma grande empresa que tentara, sem sucesso, implantar a Gestão da Qualidade Total: "A empresa nunca deixou a gente participar, dar opinião, dizer o que sentia ou pensava. Foi sempre aquela exigência de baixar a cabeça e fazer o que tinha que ser feito. Então, hoje quando alguns de nós já estão até perto de se aposentar, eles vêm aqui e nos dizem para pensar, sugerir, colaborar com idéias! Nós não queremos mais pensar, agora não! Quando a gente queria não deixaram..."

Este sentimento, declarado ou não, é comum a muitos milhares de trabalhadores de diferentes áreas. Isto é realidade e o primeiro grande passo que nós, profissionais de R.H., precisamos dar no sentido de um amadurecimento é encarar esta realidade com todas as suas letras e cores. A mudança que muitos de nós almejamos não está fora, mas essencialmente dentro de cada um.

Citarei aqui, para ilustrar essa idéia, as palavras inspiradas e inspiradoras de Luís Carlos Lisboa:

Não basta esperar que um novo tempo amadureça. Nós somos esse tempo que se transforma e renasce dos restos de um tempo que acaba. Quando espero que o milagre aconteça fora de mim, sou parte do tempo antigo que resiste à mudança. Mas se vivo por inteiro essa resistência, com as cores e formas que ela toma para me enganar, sou parte da transformação que se ensaia, e que está sempre mudando cada coisa, devagar.

Como Lisboa, acreditamos que a mudança já esta acontecendo, sempre e devagar. Mais do que isto, pensamos que mesmo a resistência faz parte e é importante para o processo na medida em que pode, a partir de um certo ponto, alavancar a mudança, como explica Senge, em seu livro *A Quinta disciplina*. Como bem alerta o autor, o perigo da resistência excessiva e duradoura é que pode ser tarde demais para determinados profissionais e empresas. A resistência pode muito bem lhes custar a vida, a sobrevivência.

Para prosseguir, consideramos necessário fazer uso da teoria a fim de revisarmos, brevemente, alguns conceitos e idéias.

As políticas de administração de recursos humanos

As políticas situam o código de valores éticos da organização. São regras estabelecidas para governar funções e assegurar que elas sejam desempenhadas de acordo com os objetivos desejados. Surgem em função da racionalidade, da filosofia e da cultura organizacional e funcionam como guias para a ação.

Chiavenato (1995), acentua que:

As políticas de recursos humanos referem-se às maneiras pelas quais a organização pretende lidar com seus membros e por intermédio deles atingir os objetivos organizacionais, permitindo condições para o alcance de objetivos individuais.

As políticas de recursos humanos variam de acordo com a filosofia e as necessidades das organizações, mas, a rigor, devem abranger os seguintes aspectos: provisão, aplicação, manutenção, desenvolvimento e "controle" de recursos humanos.

Neste estudo, nosso interesse recai sobre as políticas de manutenção de recursos humanos, particularmente no que diz respeito aos critérios relativos às condições físicas, ambientais, de higiene e segurança que envolvem o desempenho das tarefas e atribuições dos cargos. A partir de agora, faremos algumas definições e considerações bastante relevantes para a continuidade do nosso pensamento e reflexões.

a) **Saúde Ocupacional:** é a disciplina inerente ao atendimento à saúde dos trabalhadores e tem como objetivos a promoção e manutenção, no mais alto grau, do bem-estar físico, mental e social dos trabalhadores, de doenças ocupacionais causadas por suas condições de trabalho; a proteção dos trabalhadores em seus empregos, dos riscos resultantes de fatores adversos à saúde; a colocação e conservação (manutenção) dos trabalhadores nos ambientes ocupacionais adaptados às suas aptidões fisiológicas; em resumo: adaptação do trabalho ao homem e de cada homem ao seu próprio trabalho (Vieira, 1994, p.27, vol. II).

A Constituição da República Federativa do Brasil, de 5 de outubro de 1988, prevê, no seu artigo 7°, item XXII, redução dos riscos inerentes ao trabalho, por meio de normas de saúde, higiene e segurança, isto é, pela saúde ocupacional.

b) **Saúde dos Trabalhadores:** "É um campo específico da área da saúde pública que procura atuar através de procedimentos próprios com a finalidade de promover a saúde das pessoas envolvidas no exercício do trabalho" (Vieira, op. cit., p. 19).

Saúde: "É o perfeito equilíbrio entre o indivíduo e seu meio ambiente", conforme René Dubos, apud Vieira. É uma definição ampla, pois concentra-se em uma visão sistêmica de saúde: somos parte de um sistema – o meio ambiente – e este se interliga a outros sistemas neles exercendo e recebendo influências. Por outro lado, formamos, nós mesmos, um grande sistema dividido em vários outros justapostos, que interagem entre si. É uma visão dinâmica de saúde, considerando a permanente atividade das partes e da resultante do todo. Se houver equilíbrio, haverá saúde (Vieira, op. cit.).

Trabalho: o trabalho é a parte da vida do homem e a ele se incorpora; onde o homem estiver, a sua influência se fará sentir. O trabalho marca acentuadamente a existência humana, estando inserido em todos os seus momentos, sendo um fator decisivo para a saúde, por suas implicações ambientais, sociais e econômicas.

A saúde dos trabalhadores implica sua atuação interdisciplinar, que visa à prevenção da saúde de uma população através de medidas de alcance coletivo, onde, além da Medicina, depende-se ainda dos conhecimentos de campos como a Engenharia, a Psicologia, a Enfermagem, o Direito, a Administração, a Sociologia, a Ergonomia, entre outros, para compreendermos as relações entre a saúde e o trabalho.

Eis aqui uma questão de difícil elucidação na prática: o trabalho cooperativo em equipes multidisciplinares. Segundo o que pudemos observar e conforme depoimento de vários técnicos, cada um quer "guardar" o seu saber, talvez como forma de manter o seu poder e "status quo", prevalecendo a visão fragmentada.

A saúde dos trabalhadores depende de três pontos básicos para sua efetiva preservação: legal, educacional e técnico.

O legal refere-se às leis que obrigam os empresários ao cumprimento das normas de segurança e de saúde no trabalho.

O educacional manifesta-se pela conscientização dos empregadores para o controle dos riscos no ambiente e no modo de produção, bem como para a instrução dos trabalhadores quanto aos riscos e a prevenção.

O técnico é relativo à aplicação de conhecimentos de Engenharia e do comportamento humano para a obtenção de ambientes e procedimentos de trabalho seguros.

Os resultados neste campo dependem, fundamentalmente, da capacidade de integração e de cooperação dos membros de uma instituição em torno do objetivo comum, o que é difícil ocorrer no presente.

A urbanização e a industrialização, juntamente com a implantação de novas tecnologias (automação e microeletrônica), levam o trabalhador "a ter uma maior exigência de cargas mentais e psicossociais, com um aumento da tensão e ansiedade, portanto, de fatores que condicionam o aparecimento das doenças crônico-degenerativas" (Pereira Júnior in Vieira, p. 24).

Conforme este autor, os novos postos de trabalho ocasionam dificuldade de cooperação e comunicação, levando ao isolamento, o que estimula o envolvimento do trabalhador com a monotonia das tarefas. Isso acarreta fastio e cansaço, ao mesmo tempo em que lhe é exigido alto grau de atenção e respostas rápidas. É uma situação contraditória para o indivíduo, que acaba por gerar-lhe uma série de sintomas que se enquadram na fadiga psíquica e incluem-se na esfera psicossomática. Devem ser valorizados, pois levam a graves doenças físicas e mentais.

Os trabalhos noturnos e de turnos merecem atenção especial, pois, como sabemos, contrariam a natureza humana, indo contra os ritmos biológicos (ritmos circadianos) e psicossociais da vida em comunidade e coincidindo com maiores índices de acidentes e afastamentos do trabalho.

O campo tradicional da medicina do trabalho, com preocupação limitada aos ambientes de trabalho como determinantes de acidentes e doenças, amplia-se e confere à saúde dos trabalhadores um papel bem mais apropriado na consideração do homem no trabalho. Isso é o que nos diz a teoria, apesar de distante da prática, é um sinal de mudança. A saúde ocupacional abrange a medicina do trabalho, a higiene do trabalho e a segurança do trabalho:

c) **Medicina do Trabalho:** é o ramo da medicina que se preocupa com a saúde física e mental do trabalhador, tendo em vista protegê-lo dos riscos de agentes nocivos e, ipso facto, aumentando o rendimento de seu trabalho. Deve lutar contra o absenteísmo e reduzir ao mínimo a freqüência de acidentes de trabalho e sua gravidade. Prevenir as doenças ocupacionais, e minimizar a morbidade e a mortalidade, com redução dos custos decorrentes de seguros e indenizações. Deve ainda contribuir para o aumento da produtividade nos diferentes ramos de atividades laborais e para o fortalecimento da economia do país.

A Medicina do Trabalho é uma atuação individualizada através de medidas de proteção e recuperação da saúde dos trabalhadores. É o campo da saúde que melhor pode contribuir para isto, pois, através de estudos epidemiológicos, pode descrever a relação causal entre acidentes e doenças do trabalho e se chegar à prevenção (Pereira Júnior in Vieira, p. 21, 1994).

Estender-se-á esta explanação sobre medicina do trabalho e seu papel, principalmente, com relação às Lesões por Traumas Repetitivos (LTC) por ser importante para o presente estudo e porque esta busca tem papel fundamental no diagnóstico, tratamento e trabalho em equipe multidisciplinar para que a Ginástica Laboral possa ser eficaz.

Embora as tenossinovites não sejam um problema exclusivo da área de medicina do trabalho, esta é constantemente pressionada pelas áreas de produção devido ao afastamento dos trabalhadores, o que ocasiona falta de pessoal. Ao cumprir a sua função, que é evitar o aumento do índice de lesões, a Medicina do Trabalho gera prejuízos ao sistema de produção. O papel da Medicina do Trabalho é oferecer tratamento adequado aos trabalhadores com LTC, fazer controle estatístico da situação e exame pré-admissional cuidadoso, orientar trabalhadores e supervisores sobre as LTC, realizar censo trimestral ou semestral em toda a empresa e orientar durante a readaptação profissional (Couto, p. 149).

Este autor acrescenta ainda que "a Medicina do Trabalho deve, basicamente, assumir a postura de estar à frente da situação, diagnosticando os casos mais precocemente possível, numa postura pós-ativa, antecipando-se aos problemas".

Outras definições importantes são as seguintes:

Doença profissional é aquela produzida ou desencadeada pelo exercício do trabalho peculiar a determinada atividade e constante da relação de que trata o Anexo II do Regulamento de Benefícios da Previdência Social.

A doença do trabalho é aquela adquirida ou desencadeada em função de condições especiais em que o trabalho é realizado e com ele se relaciona diretamente, desde que constante do Anexo II da relação da Previdência.

Ambas são consideradas e enquadradas como acidentes do trabalho e do ponto de vista etimológico são provocadas pelos seguintes tipos de agentes: físicos, químicos, biológicos e ergonômicos (Vieira, 1994, cap. I, p. 273 e 274).

Mas, conforme Wisner (1987, p. 38), existe um número bem mais expressivo de doenças profissionais não referidas na legislação e que, no entanto, provocam danos e exigem uma ação higiênica e ergonômica.

d) **Higiene do Trabalho:** é a ciência e a arte de reconhecer, avaliar e controlar os riscos profissionais capazes de ocasionar alterações na saúde do trabalhador ou afetar o seu conforto e eficiência. Por ser um campo de especialização multiprofissional, os profissionais devem trabalhar em equipe e com "espírito de cooperação" visando objetivos comuns. "É a arte de conservar a saúde dos trabalhadores" (Vieira, 1994, vol. II, p. 28).

e) **Segurança do Trabalho:** pode ser definida como uma série de medidas técnicas, médicas e psicológicas, destinadas a prevenir os acidentes profissionais, educando os trabalhadores para evitá-los através de meios e procedimentos capazes de eliminar as condições inseguras do ambiente de trabalho (Vieira, 1994, vol. II, p. 28).

A relação entre a segurança do trabalho e as políticas de recursos humanos pode ser estudada sob dois aspectos: a segurança como parte das políticas e a segurança como reflexo das mesmas. Conforme Stoffel (1994), "a preocupação com a segurança do trabalho pode variar desde o desinteresse total até o comprometimento total. A indisposição com que muitos empresários encaram o assunto faz com que, em suas empresas, a Comissão Interna de Prevenção de Acidentes (CIPA) e a equipe técnica de segurança tenham suas funções atrofiadas".

Na realidade, observa-se que a consciência e cuidados com a prevenção de acidentes por parte dos trabalhadores é exatamente proporcional à atitude adotada pela empresa. Esta observação é confirmada por Stoffel (1994, p. 603), que afirma que os acidentes ocorrem não só pela falta de uso do equipamento de segurança, mas também porque não se preocuparam, empresa e funcionário, em preveni-los.

Ele prossegue dizendo que a despreocupação pela prevenção de acidentes pode refletir a despreocupação generalizada da empresa para com seus recursos humanos e a atitude de apenas querer cumprir a lei sem dar condições de segurança é uma incoerência. Neste caso, as atitudes dos trabalhadores serão negativas quanto à adoção de medidas preventivas. Embora esta postura descrita ainda seja predominante, existem as empresas conscientes e que levam a sério a prevenção de acidentes e "nestas os trabalhadores recebem bem os programas de segurança" (Stoffel, 1994, p. 604).

Esta consciência pode não ser a ideal, no sentido de responsabilidade e compromisso para com a saúde dos funcionários e de uma visão sistêmica, mas, certamente, já é a consciência de quem sentiu "no bolso" ou "no caixa" a diferença entre agir preventivamente e agir reativamente, "empurrando com a barriga".

Constatamos, na prática, que aquelas pessoas que não se sentem satisfeitas e tranqüilas em seu ambiente de trabalho e cujos níveis de tensão e insegurança são significativos, tornam-se mais predispostas a sofrerem acidentes e cometerem erros. Além disto, tendem a resistir mais aos programas de prevenção. Especialmente nas empresas onde o tipo de relação predominante é paternalista estimulando a dependência e a imaturidade, a reação, no nível emocional, costuma ser "se a empresa não se importa comigo, não se interessa, porque eu vou me preocupar?" E um dos comportamentos correspondentes é a resistência.

Esta é, em linhas gerais, a situação atual. No entanto, o processo de mudanças organizacionais necessárias para alcançar a competitividade na nova concepção (referida anteriormente), já está exigindo definições de "novos contornos para as políticas de recursos humanos, voltadas para a obtenção de resultados em termos de inovações, qualidade de produtos e serviços e produtividade do trabalho" (Albuquerque, 1992, p. 26).

    f) **Ergonomia:** entre estes novos contornos que estão sendo exigidos das empresas, surge a Ergonomia, que vem sendo acionada, nas empresas pesquisadas, justamente a partir da adoção da ginástica laboral.

A Ergonomia como estudo do homem em seu trabalho nasceu em 1949, quando se criou em Londres a primeira sociedade ergonômica: Ergonomics Research Society. Até a Primeira Guerra Mundial, a capacidade de uma pessoa para trabalhar era considerada esgotável e a enfermidade ou doença profissional era recompensada com a demissão (Tichauer, 1976, in Martinez, p. 80).

No mundo laboral, a máquina era construída independente das características do operador que iria manejá-la.

Para alguns, a Ergonomia começou realmente com a Segunda Guerra Mundial, quando um grupo multidisciplinar de especialistas, contratados pelo governo britânico, estudou diversos temas sobre a adaptação da máquina ao homem (Hammond, 1978, in Martinez, 1980).

Atualmente, nos encontramos em nova etapa da Ergonomia, onde não se pretende adaptar o homem à máquina nem a máquina ao homem, mas sim analisar o sistema globalmente como um todo (Riera, 1982, in Martinez, p. 80). Nesta abordagem é considerado o sistema homem-máquina, respeitando tanto as características do homem como as das máquinas, tentando adaptá-las entre si atendendo ao critério de aumentar ao máximo os resultados globais do sistema (Montmollin, 1970, in Martinez, p. 80).

Quanto aos seus campos de atuação, a ergonomia pode ser de produto ou de processo. A primeira refere-se a atributos de segurança, de conforto, de manuseio, pois, muitas vezes, o objeto ou produto é um determinante das condições de trabalho. A ergonomia de processo de produção, cuja importância tem aumentado devido à crescente preocupação com as condições de trabalho, é, de longe, mais utilizada na atividade industrial devido à extensão do modo industrial de produção, da importância das relações econômicas e sociais, da existência dos sindicatos.

Quanto à sua intervenção, a Ergonomia pode ser de correção, visando atuar no sentido de corrigir ou adaptar as atuais condições de trabalho quanto à segurança, conforto e insuficiência de produção; de concepção, agido antecipadamente no sentido de fornecer as especificações adequadas ao projeto de uma máquina, um prédio ou outros. E, de acordo com Wisner (1987), existe ainda a Ergonomia de mudança, que possibilita reunir as vantagens das outras modalidades de intervenção e permite a mudança das condições de trabalho, o que seria ideal, sem dúvida.

Vários autores, entre eles Dejours, Wisner e Silva, alertam para um importante risco relativo à Ergonomia, que é o de se negligenciar o próprio ser humano. Afinal, desde a sua origem na antropometria, possui um caráter eminentemente técnico e um enfoque voltado essencialmente para o corpo. A Ergonomia preocupa-se com a saúde humana, mas não a considera em sua dimensão biopsicossocial, correndo assim sérios riscos deontológicos e arranhando aquela "coisinha" chamada ética, ressuscitada em vários discursos políticos e em inúmeros artigos (científicos ou não), mas tão pouco praticada, infelizmente para todos.

Na realidade, a dualidade vivida pela Ergonomia pode ser equiparada àquela enfrentada pela Medicina do Trabalho, pela Engenharia de Segurança, Administração e outras, ou seja, ao mesmo tempo em que visam cuidar e manter a saúde das pessoas também objetivam a produtividade. E então, voltamos à questão dos paradigmas. Enquanto as organizações se mantêm no paradigma da Administração Científica (Taylor) como uma visão tradicional, conservadora e limitada do ser humano e da realidade, todas as áreas e disciplinas vêem-se atreladas a tal orientação. "Manda quem pode e obedece quem tem juízo", não é esse o ditado? Enquanto isto, assistimos às conseqüências!

Entretanto, acreditamos que esta situação não pode perdurar eternamente, uma vez que estamos há três anos da virada do século(!), época de despertar. Não podemos ficar apenas depositando a culpa num tal de "sistema" e aguardando que "alguém" venha modificar esta realidade. Todos estão perdendo com isto. Assim, quando encontramos nas empresas duas áreas que cuidam da saúde dos trabalhadores, tendo muita dificuldade de trocar informações ou trabalhar em conjunto com seus colegas, técnicos das diferentes especialidades, só podemos constatar que alto está mal, muito mal. Na atualidade, podemos até concordar que é difícil trabalhar em equipes multidisciplinares, inclusive pela falta de exercício, da prática. Mas manter uma visão tão fragmentada e ortodoxa, acreditando que cada um tem a sua área, as suas informações, o seu território, os quais são propriedades privadas suas, é mais do que um engano. Podemos afirmar que, que no mínimo, é falta de visão e de atualização.

Enquanto não houver uma troca de lentes, uma mudança na percepção da realidade, este quadro deve prevalecer. Somente a partir de uma visão sistêmica e integrada é possível perceber que tal dualidade ou dicotomia não existe de fato ou não precisa existir. Se adotarmos a postura ganha/ganha, como propõe Covey (1989), poderemos experimentar e comprovar, através de resultados práticos, que preocupar-se e cuidar, da verdade, da saúde e bem-estar das pessoas não impede a produtividade e o lucro, pelo contrário. Tal atitude funciona como alavanca para estes resultados e, mais do que isto, desencadeia um processo de contínuo desenvolvimento da consciência, responsabilidade e comprometimento do indivíduo para consigo mesmo e para com os outros, quer dizer, para com seu grupo de trabalho, com sua empresa, com a comunidade mais ampla. É uma forma de contribuir para o resgate da cidadania de cada um e de todos, empresários, executivos e funcionários e clientes, com certeza!

Mas, diante de todo este contexto, o que muito nos preocupa e intriga é a postura de muitos profissionais de "Recursos Humanos". Pergunta-se: mas, afinal, qual é o papel desta área, será que vai continuar na linha da tão criticada Escola de Relações Humanas (Elton Mayo), botando panos quentes e buscando artifícios e técnicas hoje bem mais sofisticadas de manipulação para impedir que "a panela de pressão" exploda? Até quando?

No caso específico da saúde e segurança do trabalhador, cujas áreas, Medicina e Segurança do Trabalho, estão em geral formalmente subordinadas à Gerência de "Recursos Humanos", acreditávamos ao iniciar nossa pesquisa que encontraríamos certa integração e entrosamento entre os técnicos e um grande envolvimento da Gerência (ou coordenação) de R.H. Mas, na verdade, não foi bem isto o que se observou. Em primeiro lugar, chamou a atenção a dificuldade, na maioria dos casos, para se contatar com os representantes desta área nas diferentes empresas. Em uma delas, embora os funcionários tivessem no mínimo oito e até 14 anos de empresa, entre os entrevistados (trabalhadores da área de produção) nenhum conhecia ou sabia dizer o nome sequer do gerente de "Recursos Humanos". Em uma outra organização, tivemos notícias de que ninguém simpatizava muito com o gerente de R.H. e que o achavam, no mínimo, distante. Isto só para exemplificar. Pois, ao longo destes 13 anos de trabalho na área, temos ouvido muitos comentários, críticas e queixas que talvez você que está lendo, neste momento, também compartilhe conosco.

Acreditamos que estas e outras questões precisam vir à tona e ser enfrentadas, ou não? A área de R.H. já perdeu vários "trens da história", como se usa dizer, entre eles, o da qualidade. Neste caso, acabamos sendo puxados ou empurrados por engenheiros e outros profissionais. E agora, neste momento tão crítico para todos nós no Brasil, e por que não dizer, no mundo, o que nós, de R.H., podemos e devemos fazer? Qual é o caminho? Não podemos mais nos abster, negar ou fazer de conta que não vemos determinadas coisas acontecendo "debaixo de nosso nariz", com o perdão da expressão. Não devemos nos permitir adotar o cinismo como opção, deixando de acreditar em valores e ideais que um dia já defendemos, só porque sofremos algumas decepções ou frustrações com pessoas e situações. Precisamos ser mais fortes do que isso. Temos carência atualmente da força de caráter, da integridade, como tão bem pontua Covey. E logo nós de R.H., que deveríamos ser um exemplo neste sentido e na habilidade de, empreendendo seu próprio autodesenvolvimento, conseqüentemente, estimularmos e facilitarmos este processo nos outros, nossos clientes internos!

Pois é, e em relação à Ginástica Laboral, que afinal é um importante caminho a ser explorado (bem mais) na direção deste processo de autodesenvolvimento e saúde global, o que observamos é que, embora ela seja contratada pelas áreas de Medicina e Segurança, em geral, os coordenadores de R.H. pouco sabem a respeito do assunto, não demonstram muito envolvimento ou interesse e em alguns casos percebe-se um interesse apenas no aspecto de marketing ou "ibope" para sua área e, óbvio, para sua própria gestão. Vaidade pura, é verdade, e/ou comodismo, talvez. Precisamos encarar isto se quisermos conquistar outros espaços, mais dignidade, respeito e confiança por parte de funcionários, colegas, empresários e comunidade.

Pensamos que, uma vez que todas as tendências apontam as empresas do futuro como "grandes universidades" ou "comunidades de aprendizagem", a gestão de "Recursos Humanos" deveria, estrategicamente, preparar-se desde agora. Um caminho que vemos hoje é investir na saúde e na conscientização das pessoas quanto à responsabilidade de cada uma sobre seu próprio desenvolvimento e sobre a evolução das coletividades. Todos nós sabemos que saúde e educação são básicos, "único solo em que se plantando tudo dá". Iniciativas como a prática da Ginástica Laboral nas empresas, com toda a certeza, significam um importante passo desde que decorra de uma filosofia e princípios éticos que a sustentem. Acreditamos ser o campo da "Saúde do Trabalhador", uma grande oportunidade para os profissionais de "Recursos Humanos" e Saúde mostrarem sua força, pois temos certeza, ela é imensa!

GINÁSTICA LABORAL: SURGIMENTO

A Ginástica Laboral ou Ginástica do Trabalho, como é mais comumente chamada entre os profissionais do centro do país (São Paulo, Rio de Janeiro etc.), recebe esta denominação por ser uma atividade física voltada especificamente para o mundo do trabalho ou laboral. Vamos contar um pouco de sua história.

Origem e histórico da Ginástica Laboral

O trabalho industrializado, mecanizado, e a automação, aliados a uma busca desenfreada pela produtividade e pela qualidade, vêm impondo condições extremamente insalubres e prejudiciais à saúde humana como um todo.

É certo que a competitividade do mundo moderno tem tornado a vida cada vez mais estressante, acabando por comprometer a qualidade de vida e a saúde do trabalhador. No entanto, conforme ressaltado pelo Ministério da Saúde (Min, Saúde, 1990), uma questão que se coloca para as empresas é: "Como aumentar a competitividade, sem prejudicar e até contribuindo para melhorar a saúde do pessoal, e, ainda, sem aumentar os custos?"

Segundo o que se observa, as empresas estão adotando algumas medidas para enfrentar os referidos problemas. Entre estas, encontra-se a prática diária da Ginástica Laboral Preparatória e/ou Compensatória (de pausa) combinada a estudos e medidas ergonômicas.

O primeiro registro sobre essa atividade data de 1925, na Polônia, onde é chamada ginástica de pausa e destinada a operários. Depois, sabe-se que Veldkamp fez experiências na Holanda após 1925. Na Rússia, segundo Ryzhkova, 150 mil empresas envolvendo 5 milhões de operários praticam a ginástica de pausa adaptada a cada cargo e Sanoin propõe exercícios baseados na reação motora. Outros países a realizarem experiências são: Bulgária e Alemanha Oriental.

A Ginástica Laboral teve origem no Japão, onde, desde 1928, os funcionários dos correios começaram a freqüentar as sessões de ginástica diariamente, visando a descontração e o cultivo da saúde. Após a II Guerra Mundial, este hábito foi difundido por todo o país e, atualmente, um terço dos trabalhadores japoneses exercita-se em suas empresas (*Japão Ilustrado*, 1993 e Pulcinelli, 1994).

Conforme dados do Ministério da Saúde (1990), a ginástica nas empresas do Japão, em 1960, trazia como resultados a diminuição dos acidentes de trabalho, o aumento da produtividade e a melhoria do bem-estar geral dos trabalhadores.

Na Europa, países como a França, a Bélgica e a Suécia adotam a ginástica e realizam pesquisas sobre o assunto. Existem, basicamente, dois tipos de grupos de estudos: o primeiro preocupa-se em investigar a fadiga, as condições físicas e psicológicas; e o segundo investiga as impressões e os sentimentos das pessoas envolvidas na ginástica de pausa. Os estudos são quase todos sondagens de opiniões baseadas na aplicação de escalas, questionários e entrevistas.

Os resultados destas pesquisas têm mostrado influências positivas da ginástica sobre o tempo de reação, a coordenação, a sensibilidade e a atenção, estimulante de ordem psicológica, facilidade para realizar o trabalho, diminuição da fadiga. Na Bulgária e na antiga URSS, pesquisas comparando a produção uma hora antes e uma hora após a ginástica constataram que na última hora cresce o rendimento, o que vem a compensar o tempo de pausa.

Pesquisas na Bélgica, Bulgária e URSS (antiga) mostraram que a reação visomotora melhora em 42% a 65% das pessoas que se submetem a programa de ginástica de pausa.

A visão humana também foi investigada e Geissler (citado por Laporte, 1970, p. 40), aplicando o teste Scheiner de acomodação visual, comprovou, com um grupo de mulheres executando trabalho de precisão, que os resultados obtidos com a ginástica laboral compensatória foram mais positivos do que com o simples emprego da pausa.

Outros aspectos que as pesquisas têm enfocado são a atenção e a concentração. A investigação de Nifontora (citado por Laporte, op. cit., p. 42) utilizando testes de atenção, constatou que o número de erros era menos elevado entre os mecanógrafos que se submetiam ao programa de ginástica laboral compensatória do que os que tinham apenas repouso passivo na jornada de trabalho. A função cardiovascular e respiratória também foi investigada e constatou-se um aumento que variou de 25% a 37% da capacidade vital. Com a prática regular da ginástica de pausa durante um período prolongado, observou-se a redução progressiva do aumento da freqüência cardíaca durante as sessões ao mesmo tempo que esta passou a diminuir mais rapidamente após a pausa. Estes efeitos são considerados importantes, uma vez que a ginástica laboral compensatória apresenta fraca intensidade (Min. da Saúde, 1990).

Segundo Rodin e Plante (1989, p. 127), centenas de empresas nos Estados Unidos têm investido em programas que promovem o condicionamento físico em seus empregados. Estes programas têm sido desenvolvidos não somente para melhorar e manter a saúde dos trabalhadores, mas também para promover o bem-estar psicológico e a produtividade e, ainda, para reduzir o absenteísmo, o número de funcionários no seguro e o estresse. Uma pesquisa recente sugeriu que os programas referidos melhoram os índices de absenteísmo, satisfação com o trabalho e os custos com tratamentos de saúde, especialmente entre as mulheres.

Nos países socialistas, a ginástica laboral compensatória tem proporcionado um incremento na saúde dos trabalhadores mediante melhorias no funcionamento do coração, pulmões, órgãos internos e atividade do sistema nervoso central, uma vez que as pausas durante o trabalho facilitam a circulação estendendo a irrigação sanguínea a todos os tecidos corporais, ampliam a ação respiratória em função de uma melhor oxigenação a nível pulmonar, reduzem a congestão mental produzida pela concentração e ação intelectual persistente, contribuem para eliminar a tensão emocional e nervosa, propiciam uma postura corporal correta compensando o desequilíbrio funcional produzido pela posição unilateral exigida em certos tipos de trabalho (Rey, in Pulcinelli, 1994, p. 35).

As experiências com a ginástica laboral no Brasil

Conforme Kolling (1980), a questão das pausas no trabalho ainda tem recebido atenção insuficiente por parte dos profissionais de educação física e empresas em geral (in Pulcinelli, p. 36, 1994).

Este autor explica que houve uma experiência pioneira em termos de Brasil realizada com base na seguinte proposta elaborada pela Federação de Ensino Superior (FEEVALE) e sua Escola de Educação Física, em 1973:

Proposta: "Elaboração de exercícios baseada em análise biomecânica, para relaxar os músculos agônicos pela contração dos antagônicos, em fase da exigência funcional unilateral. O projeto Educação Física Compensatória e Recreação tem por finalidade esclarecer as linhas gerais que deverão nortear a criação de Centros de Educação Física junto aos núcleos fabris, com atividades compensatórias e recreativas" (Kolling, 1983).

Em 1978, a FEEVALE, juntamente com o SESI (Serviço Social da Indústria), elaborou e implantou um projeto denominado "Ginástica Laboral Compensatória". Seu início data de 23 de novembro de 1978, envolvendo cinco empresas do Vale do Sinos. O projeto tinha caráter experimental e visava aprofundar estudos nesta área, conforme informou a diretora de uma das empresas que participaram desta experiência. Em contato recente, ela fez o seguinte depoimento: "Somos procurados pelo pessoal do SESI e FEEVALE e aceitamos participar, pois acreditamos na proposta. No entanto, durou apenas três meses a experiência e eles foram embora, não deixaram nenhum registro e nenhum feedback para a empresa. Acho que visavam apenas aos próprios interesses de estudo e não aos dos empresários. Foi uma boa experiência, porém houve falha dos prestadores de serviços em não deixar registros. Acredito, no entanto, que a mentalidade hoje seja outra, pois vivemos uma outra época, em que há mais consciência e um campo propício para implantar e sedimentar esta prática. Naquele tempo não havia. Hoje, prossegue ela, a evolução e o mercado cada vez mais competitivo e exigente está obrigando a estas iniciativas". Esta empresária refere, ainda, que tem interesse e está disposta a adotar a Ginástica Laboral novamente e acredita que aqueles que melhor podem testemunhar os resultados são os funcionários (depoimento, 26/06/95).

O término da referida experiência deu-se em 20 de junho de 1979, com a execução de sua penúltima etapa, sendo que a quarta e última foi a avaliação.

Os resultados desta experiência confirmam o que diz a literatura estrangeira quanto aos efeitos positivos da ginástica de pausa sobre aspectos subjetivos como a boa forma física e a disposição para o trabalho (Kolling e Schimitz, 1981).

Além disto, esta experiência demonstrou que o receio de uma perda na produção devido às pausas é infundada. Os resultados mostram que "os dez minutos de parada na fábrica não acarretam diminuição da produção que, se não aumenta, é mantida, não há prejuízo algum" (Schimitz, p. 3).

A partir desta experiência, e em seqüência, o professor Aloysio Kolling realizou uma pesquisa intitulada "Estudo sobre os efeitos da Ginástica Laboral Compensatória em grupos de operários de empresas industriais".

Sua experiência resumiu-se em acompanhar dois grupos, experimental e de controle, de empresas diferentes, durante trinta dias. O grupo experimental recebeu aulas de ginástica laboral compensatória, diariamente. Os resultados obtidos quanto ao grupo experimental foram: diminuição da fadiga periférica, aumento significativo da produtividade e os acidentes de trabalho não puderam ser analisados, pois não ocorreram no período.

Outros resultados referidos quanto às experiências com ginástica laboral compensatória no Vale do Sinos são: aumento de integração entre os grupos participantes, bem como de suas condições de relacionamento interpessoal positivo. E, segundo diretor de uma empresa praticante da ginástica de pausa, "os custos são totalmente compensados em função dos resultados obtidos" (Ministério da Saúde, 1990).

Conforme já foi mencionado, existe uma carência de material disponível para consulta sobre o assunto e, segundo dados do Ministério da Saúde busca-se estabelecer uma metodologia adequada. No Rio de Janeiro, os alunos do Instituto de Educação Física da UFRJ realizaram uma experiência no sentido de descrever os passos a serem seguidos na busca de uma metodologia. O estudo foi feito voltado para datilógrafos.

A experiência com a Ginástica Laboral Preparatória, cuja origem é japonesa, foi introduzida aqui no Brasil por executivos nipônicos, em

1969, nos estaleiros Ishikavajima, onde ainda hoje diretores e operários dedicam-se aos exercícios, visando primordialmente à prevenção de acidentes de trabalho (Pulcinelli, 1994, p. 37). Segundo Jardim (1992), no país, "a ginástica para funcionários de empresas aos poucos começa a difundir-se". Um exemplo é a iniciativa da fábrica da Xerox, de Resende, no Rio de Janeiro, onde no período da manhã (7h15min) 177 trabalhadores exercitam-se sob a orientação de um professor de educação física, durante 15 minutos. Os resultados obtidos são um aumento de 39% nos índices médios de produtividade, melhoria da saúde dos funcionários e redução da procura do ambulatório médico por problemas de hipertensão e dores nas costas. Na Panasonic do Brasil, não foi possível mensurar o aumento da produtividade decorrente da contribuição da ginástica, mas este aumento fica implícito, uma vez que o objetivo dos programas de ginástica é despertar o corpo e prevenir acidentes de trabalho (in Pulcinelli, 1994, p. 38).

De acordo com uma reportagem recente, a indústria química Du Pont instalou um espaço para seus funcionários se exercitarem. Trata-se de "mais um passo na busca do bem-estar dos funcionários". A Du Pont da América do Sul, em São Paulo, montou uma academia completa para o uso de funcionários e familiares e há quatro anos mantém aulas de ginástica e aeróbica. A iniciativa fez parte de um programa de busca de qualidade total e a finalidade da empresa é garantir o aumento da produtividade pela satisfação dos funcionários. Conforme o gerente da empresa: "Para exigir produtividade é preciso oferecer um diferencial... com o quadro de pessoal motivado, a empresa sai na frente da concorrência". O programa conta com uma equipe multidisciplinar, para orientação dos funcionários, composta de: professora de educação física, fisioterapeuta, fisiatra e ergonomista.

A ergonomista deve verificar se o ambiente de trabalho de condicionamento de quem participa do programa de condicionamento físico está de acordo com os padrões de qualidade. "É que não adianta nada ter cuidados nos exercícios e não ter local adequado durante o expediente", alerta o gerente-médico ("Zero Hora", 06/07/95).

E voltando-nos, agora, para a experiência no Rio Grande do Sul, constatamos que após a experiência já citada no Vale do Sinos, a Ginástica Laboral caiu no esquecimento por um longo período. Conforme informações da FEEVALE, através de seu diretor da Faculdade de Educação Física, tal experiência não se consolidou devido à desistência das empresas em virtude dos custos necessários para a continuidade do projeto, que incluíam a contratação de profissionais.

Desde o início da década de 90, no entanto, a ginástica começou a ser retomada e, principalmente, nos últimos dois anos, ressurgiu com força total. Tudo indica que veio para ficar e a tendência é de que a demanda cresça muito nos próximos anos neste Estado.

Esta tendência é confirmada pela professora Fátima Michielin Dias que, desde 1989, trabalha com a ginástica em empresas. A primeira experiência foi através de um projeto piloto na fábrica de Tintas Renner, em Porto Alegre, que aos poucos se expandiu por todos os setores. Em 1992, percebendo a escassez de profissionais nesta área e a importância deste trabalho para a qualidade de vida do trabalhador, Fátima passou a atender outras empresas e deixou a coordenação na Renner para um colega, professor de educação física.

Posteriormente, os professores Ricardo Areso Pinto e Luís Fernando Marques da Silva, ambos professores de Educação Física, criaram uma outra empresa de nome sugestivo: Holística, voltada para a prestação de serviços nesta área.

Além destes profissionais, a professora Carla Kolling coordena um programa de Ginástica Laboral em uma grande empresa, há quatro anos, sendo funcionária contratada, exclusivamente, para este fim. E o professor Marco Aurélio Scharcow fundou a SER – Ginástica Laboral com mais dois colegas.

As empresas pesquisadas pertencem ao ramo industrial metal-mecânico, uma é indústria calçadista e outra é uma empresa de comunicações que inclui atividades industriais. São empresas de grande porte e de destacada atuação em suas respectivas áreas. Com exceção de uma, que encontra-se em fase de preparação, todas as outras já adotaram a Gestão da Qualidade Total há, pelo menos, uns dois ou três anos. Relacionam a prática da Ginástica Laboral, direta ou indiretamente, com a gestão da qualidade e com a forma de gestão adotada. Seis destas empresas colocam como motivo principal para a adoção da ginástica o alto índice de doenças ocupacionais ou profissionais e conseqüentes afastamentos temporários ou definitivos do trabalho, os custos decorrentes e o conseqüente decréscimo na produtividade. Estes índices se devem, principalmente, ao posto inadequado de trabalho e ao excesso de horas extras. Além disto, a implantação do ISO 9000 também tem influenciado estes resultados pelo nível de exigência e pressão que impõe (Dias, 1994). Logo a seguir, elas colocam o alto índice de acidentes de trabalho e a preocupação com a melhoria da qualidade de vida dos funcionários. O objetivo com tal iniciativa é reduzir estes índices, prevenir novos casos, melhorar as condições de trabalho e de vida dos trabalhadores, tendo em vista que isto é fundamental para o alcance da Qualidade Total.

Apenas uma delas referiu ter adotado a Ginástica Laboral muito mais como uma conseqüência natural de sua filosofia e missão, o que é bem mais abrangente, do que em função de uma forma de gestão com a Qualidade Total, embora adote-a.

Esta mesma empresa foi a pioneira das sete referidas, na adoção da ginástica, tendo iniciado seu programa há quatro anos. As outras encontram-se, na sua maioria, em fase considerada ainda de implantação, entre seis meses e dois anos.

A caracterização das empresas pesquisadas bem como a experiência de cada uma delas com a Ginástica Laboral serão apresentadas no próximo capítulo, referente aos resultados deste estudo. Optou-se por esta forma de exposição visando manter uma maior integração entre os resultados e seu contexto. As empresas não serão identificadas pelo nome, mas apenas por uma letra, porque uma delas preferiu não ser identificada. Adotou-se então, a postura de não-identificação geral.

A GINÁSTICA LABORAL:
O QUE É E A QUE SE PROPÕE?

A GINÁSTICA LABORAL ou do trabalho é considerada uma adaptação da *idéia* do Rádio Taissô já que na prática são diferentes, segundo o professor Marco Aurélio Scharcow. Radio Taissô ou "Ládio Taissô", como é chamada no Japão consiste em um tipo de ginástica rítmica que inclui séries de exercícios específicos acompanhados de músicas especialmente criadas para tal. Acontece todas as manhãs, bem cedo, sendo transmitida pelo rádio por pessoas especialmente preparadas e é praticada por todos os japoneses atualmente, não somente nas fábricas ou ambientes de trabalho, mas também nas ruas e nas residências, pelas famílias. É uma hábito incorporado à cultura japonesa estando aliado à realização de palestras de curta duração sobre assuntos relativos ao trabalho, melhoria da saúde, circulação sanguínea e aumento da produtividade (Matuura, 1987).

Atualmente, a transmissão é feita através de rádio e televisão. A primeira transmissão é pela manhã entre 6h30min e 6h40min e depois ocorrem mais três transmissões ao longo do dia sendo a última entre 15h e 15h10min. Com o objetivo de estimular a prática e a divulgação são feitas premiações em três níveis: nacional, regional e governamental. A entrega dos prêmios obedece a uma série de critérios, que visam o desempenho e o destaque para o desenvolvimento do Rádio Taissô no país. Desde 1962, são realizados cursos, anualmente, para a formação de instrutores e coordenadores, os quais recebem certificados de conclusão e distintivos de instrutor.

No Brasil, através de Federação de "Rádio Taissô" do Brasil, localizada em São Paulo, são realizados estes cursos de formação, conforme nos informou o seu diretor-presidente senhor Antônio Matuura. Além disto, esta federação coordena esta prática em todo o país. Seus cerca de 5.000 praticantes estão ligados a 30 entidades espalhadas por quatro estados: São Paulo, Paraná, Rio de Janeiro e Mato Grosso do Sul. Desde 14 de março de 1996, passou a vigorar a Lei Estadual número 9.345, em São Paulo, promulgada pelo governador Mário Covas, instituindo o "Dia do Rádio Taissô" que será comemorado no dia 18 de junho, anualmente. Apresentamos a seguir, a título de ilustração, a primeira parte de uma série de exercícios de Rádio Taissô, cedida gentilmente pela referida federação.

ABREVIATURAS		
Brs. = Braços	P/ = Para	S/ = Sem
Dir. = Direita	2x = Duas vezes	Fr. = Frente
Esq. = Esquerda	C/ = Com	Mov. = Movimento

1 - Esticar
1.2 - Levantar os brs.
3.4 - Abaixar os brs., abrindo p/ os lados. Repetir 2x e terminar com os brs. cruzados em fr. c/ calcahares levantados.
Levantar vagarosamente, inspirando e esticar bem os braços no alto. Abaixar em seguida, expirando.

1.2   3.4

1 - Balançar os brs. dobrando e esticando as pernas. Abrir os brs. para os lados dobrando e esticando as pernas.
2 - Fechar os brs. cruzando na fr. ao mesmo tempo abaixar e levantar bem os brs. até a altura dos ombros, levantando o calcanhar p/ esticar bem os nervos. Fortalecendo as juntas.

1   2

3 - Girar os brs.
1.2 - Girar p/ fora.
3.4 Girar p/ dentro.
Girar em círculo bem grande, jogando os brs. bem longe e cruzando fundo na fr. Evita o endurecimento dos músculos do ombro.

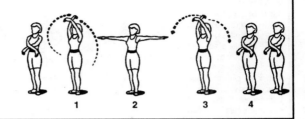

4 - Inclinar-se p/ trás abrindo o peito.
2 - Balançar os brs. p/ o lado abrindo a perna esq.
4 - Levantar os brs. abertos, inclinando o corpo p/ trás.
Terminar c/ os brs. ao lado do corpo. Com o balaçar dos brs. abrir bem o peito dando elasticidade e desenvolvimento, evitando os males.

5 - Envergar o corpo p/ o lado.
1.2 - Levantar e jogar o brs. dir. p/ o lado esq. envergando somente a parte superior do corpo.
3.4 - O mesmo mov. c/ o brs. esq. p/ o lado dir.
Firmar bem a parte inferior docorpo e ao envergar o corpo (parte superior), esticar bem a parte lateral do corpo e curvar o br. s/ dobrar o cotovelo.

6 - Curvar o corpo p/ fr. e p/ trás.
1.2.3 - Curvar o corpo p/ fr., baixar 3x ritimicamente.
3 - Levantar o corpo e abaixar as mãos.
Deixar os brs. relaxados e fazer o corpo cair bem p/ baixo.
Levantar, apoiar as mãos na cintura p/ trás relaxando até o pescoço.

7 - Torcer o corpo.
1 a 4 - Girar o corpo e os brs. p/ a esq.
e p/ a dir. 2x olhando sempre p/ o lado
onde vão as mãos.
5 a 7 - Levantar p/ esq. e p/ trás 2x.
8 - Dar uma parada. Repetir a mesma
sequencia começando ao lado contrário,
terminando c/ pernas juntas.
Girar o corpo mantendo a coluna reta.
Esse movento ajuda amodelar órgãos
intestinais e geral e problemas de bacia.

1.3 2.4 5.7 6 8

8 - Esticar os brs. p/ cima e p/ baixo.
1 - Levantar os brs. no ombro abrindo a
perna esq.
2 - Levantar os brs. no alto. Levantando
os calcanhares.
3 - Abaixar os brs. no ombro e abaixar os
calcanhares.
4 - Abaixar brs. e pernas no lugar.
5 a 8 - Repetir o mesmo para o lado
direito. Puxar o ombro para tás, levantar e
abaixar os braços na linha reta com vigor.

1 2 3 4

9 - Curva-se de lado.
1.2 - Abrir a perna esq. p/ o lado,
curvar-se em cima desta perna
por 2x.
3.4 - Levantar, puxar a parte
superior do corpo p/ trás abrindo
os brs. O mesmo para o lado dir.
terminado com os brs. ao lado dir.
Curvar bem e envergar, abrindo
bem o peito. Ajuda a flexibilidade
do corpo, tirando o cansaço.

1.2 3.4 5.6 7.8

10 - Girar o corpo.
1 a 4 - C/ os brs. esticados, abaixando
o corpo, girar da dir. p/ esq. e p/ trás,
terminado no lado esq.
5 a 8 - Repetir o mesmo mov. p/ o lado
contrário, terminado c/ os pés juntos.
Aproveitando o impulso dos braços
girar bem o corpo, começando pelo
lado, passa em frente, bem embaixo,
indo p/ outro lado, dando grande volta
por trás.

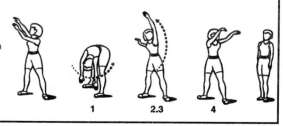

1 2.3 4

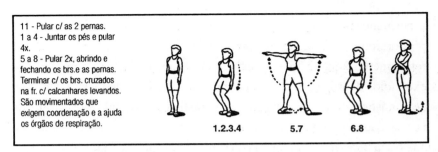

11 - Pular c/ as 2 pernas.
1 a 4 - Juntar os pés e pular 4x.
5 a 8 - Pular 2x, abrindo e fechando os brs.e as pernas.
Terminar c/ os brs. cruzados na fr. c/ calcanhares levandos.
São movimentados que exigem coordenação e a ajuda os órgãos de respiração.

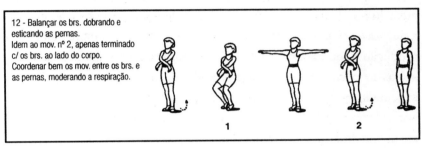

12 - Balançar os brs. dobrando e esticando as pernas.
Idem ao mov. nº 2, apenas terminado c/ os brs. ao lado do corpo.
Coordenar bem os mov. entre os brs. e as pernas, moderando a respiração.

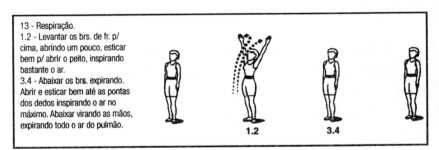

13 - Respiração.
1.2 - Levantar os brs. de fr. p/ cima, abrindo um pouco, esticar bem p/ abrir o peito, inspirando bastante o ar.
3.4 - Abaixar os brs. expirando. Abrir e esticar bem até as pontas dos dedos inspirando o ar no máximo. Abaixar virando as mãos, expirando todo o ar do pulmão.

A ginástica possui várias classificações quanto ao seu fim. Entre estas, encontram-se a ginástica de compensação, ginástica preparatória ou pré-aplicada e a ginástica corretiva, conforme explica Targa (1973). Passemos às definições:

Ginástica de Compensação: objetiva impedir que se instalem vários vícios de postura em face da posição em que o indivíduo é obrigado a permanecer durante suas atividades habituais. Usa exercícios que proporcionam atividade às sinergias musculares pouco solicitadas e relaxamento àquelas que trabalham demasiadamente. O emprego dos exercícios de relaxamento visa combater o excesso de tensão. Um tipo de ginástica de compensação é a ginástica industrial, que surgiu da necessidade de aumentar o rendimento do operário, ao mesmo tempo que o seu bem-estar, aumentar o potencial de saúde de modo a ser menos atacado por doenças, prevenir acidentes de trabalho e conseqüência da natureza do trabalho profissional. Sua aplicação tem demonstrado que a produção pode aumentar de 10% a 15%. Os exercícios aconselhados são os de relaxamento muscular, seguidos de movimentos ativos simples, executados durante pausas de 7 a 10 minutos, em cada período de 3 ou 4 horas de trabalho. A experiência ensinou que os resultados serão melhores iniciando-se pelos exercícios de relaxamento dos segmentos periféricos e aos poucos atingindo os centrais (Targa, p. 126).

Ginástica Preparatória ou Pré-Aplicada: é um conjunto de exercícios que prepara o indivíduo conforme suas necessidades para o trabalho de velocidade, força ou resistência, aperfeiçoando as coordenações e sinergias, das quais poderá tirar proveito em sua atividade ou desporto.

Ginástica Corretiva: tem por finalidade restabelecer o antagonismo muscular utilizando exercícios específicos que visam encurtar os músculos que estão alongados ou alongar os que estão encurtados. Destina-se aos indivíduos portadores de deficiências morfológicas não-patológicas, sendo aplicada a um grupo reduzido de pessoas (10 a 12) que apresentam a mesma característica postural, fora da sessão comum (Targa, p. 130).

A seguir acrescentam-se mais duas definições de profissionais atuantes na atualidade.

Conforme Kolling (1982), a Ginástica Laboral Compensatória deve atingir as sinergias musculares antagônicas às que encontram ativas durante o trabalho, para proporcionar a compensação e o conseqüente equilíbrio funcional. Consiste, portanto, em um repouso ativo que aproveita as pausas regulares durante a jornada de trabalho para "exercitar os músculos correspondentes e relaxar os grupos musculares que estão em contração durante o trabalho". O objetivo, diz o autor, é prevenir a fadiga.

Segundo Dias, "a Ginástica Laboral Compensatória e a Ginástica Laboral Preparatória consistem em exercícios específicos que são realizados no próprio local de trabalho, atuando de forma preventiva e terapêutica. A ginástica não leva o funcionário ao cansaço, porque é leve e de curta duração, não sobrecarregando o aluno. Com isso, espera-se: prevenir a fadiga muscular; diminuir o número de acidentes de trabalho; corrigir vícios posturais; aumentar a disposição do funcionário ao iniciar e ao retornar ao trabalho; prevenir as doenças por traumas cumulativos".

Ginástica Laboral Compensatória: atividade física realizada durante o expediente de trabalho, agindo de forma terapêutica, ou seja, visando compensar os músculos que foram trabalhados em excesso durante suas atividades diárias, proporcionando um bem-estar físico, mental e social ao funcionário (Dias, 1994).

Ginástica Laboral Preparatória: conforme Dias (1994), atividade física realizada antes de iniciar o trabalho, atuando de forma preventiva, ou seja, aquecendo e despertando o funcionário para o trabalho, prevenindo acidentes, distensões musculares e doenças ocupacionais.

A Ginástica Laboral é entendida por Scharcow e sua equipe[12] como a criação de um espaço onde as pessoas possam, por livre e espontânea vontade, exercer várias atividades e exercícios que, muito mais do que um condicionamento mecanicista, estimulem o autoconhecimento levando à sua ampliação da consciência e da auto-estima. E, conseqüentemente, proporcionem um melhor relacionamento consigo, com os outros e com o meio.

— Seguindo esta filosofia, definem a Ginástica Laboral Preparatória como sendo a reunião de todos os funcionários em um local específico, no início de cada turno de trabalho, a fim de realizar uma atividade física que busca "o despertar do corpo e da mente" (através de melhor ativação neuromuscular, orientação corporal no tempo e espaço, integração e participação). Já a Ginástica Laboral Compensatória é a pausa com a realização de atividades compensatórias específicas para cada setor, de acordo com as características do ambiente de trabalho. Podem ser, por exemplo, movimentos repetitivos, de sobrecarga muscular, estressante etc. E as queixas de maior incidência, visam alcançar o equilíbrio físico e mental para a execução das tarefas bem como distencionar posturas estáticas e unilaterais e interromper o acúmulo de fadiga.

Além destas, realizam a Ginástica Terapêutica que constitui-se de atividades terapêuticas recomendadas por médico em virtude de patologias já instauradas, que facilitam o seu conhecimento pelo indivíduo.

Um aspecto muito relevante a considerar quanto aos objetivos e efeitos da Ginástica Preparatória é que este tipo de exercício prepara os indivíduos para reagirem aos estímulos externos com maior rapidez. Além disto, as melhores condições físicas e mentais proporcionadas pelo exercício levam, também, a uma reação mais adequada para a situação, como, por exemplo, quando há risco de erro e de acidente ou necessidade

---

12 - *Equipe de Professores da SER - Ginástica Laboral: empresa prestadora de serviços nesta área.*

de manuseio de equipamentos e máquinas etc. De acordo com Scharcow, o ser humano nasceu para movimentos globais e as condições de trabalho atuais, com alta repetitividade e monotonia, limitam a natureza humana. Assim, a Ginástica Laboral de amplitude visa também recuperar a capacidade de amplitude de movimentos que todos nós temos naturalmente.

Apresentamos a seguir uma série de exercícios de Ginástica Laboral Preparatória, de acordo com o que está sendo praticado pela SER – Ginástica Laboral:

Exercícios da "SER – Ginástica Laboral"
Ginástica Laboral Preparatória

1
P.I. - Mão direita sobre a mão esquerda com os engatados na altura do peito.
Exc.: Puxar os braços no sentio contrário. Força estática.
Estático - 15 segundos.

2
P.I. - Cotovelos flexionados, mãos nos ombros.
Exec.: Realizar movimentos circulares de ombros.
Dinâmico - 10 vezes para fora e 10 vezes para dentro.

3
P.I. - Braços estendidos em cruz.
Exec.: Eleva o braço direito ao lado da cabeça ao mesmo tempo que abaixa o braço esquerdo por trás do corpo. Repete para o outro lado.
Estático - 10 vezes contando do braço direito.

4
P.I - Flexionar o corpo para o lado direito.
Exec.: Alongar braço esquerdo sobre a cabeça e braço direito atrás do corpo.
Estático - 10 segundos e troca de lado.

5
P.I. - Flexionar os joelhos e tronco, colocar as mãos nos joelhos.
Exec.: Pressionar os joelhos para trás e estender os joelhos.
Dinâmico - 10 vezes.

6
P.I. - Grande abertura de pernas, flexionar o tronco à frente vagarosamente.
Exex.: Segurar a parte interna da coxa e alongar a coluna para cima.
Estático - manter por 10 segundos.

Equilíbrio
7
P.I. - Mãos entrelaçadas acima da cabeça, elevar o joelho direito ao lado do corpo.
Exec.: Alongar os braços para cima.
Equilíbrio estático - manter por 10 segundos cada lado.

Respiratório
8
P.I. - Mãos abaixo da última costela.
Exec.: Inspirar - abrir os braços na diagonal ao lado do corpo. Expirar fechar os braços e pressionar o abdomem.
Respiratório - 4 vezes.

Como estamos falando de uma prática que pode ser considerada nova entre nós e por que não dizer inovadora, achamos importante reunir aqui a opinião e o entendimento de cada um dos profissionais atuantes na área. Neste sentido, consideramos a visão do professor Ricardo A.

Pinto e de sua equipe[13] muito significativa. Vejamos: a Ginástica Laboral é uma das alternativas que vêm sendo adotadas pelas empresas de ponta, com ótimos resultados, refletindo uma preocupação com a melhoria da qualidade de Vida de seus colaboradores aliada ao crescimento da produtividade. A Ginástica Laboral Preparatória desperta a musculatura e a mente do colaborador, num horário que antecede à jornada de trabalho, fazendo-o sentir-se melhor e levando-o a dominar seus reflexos, evitando a multiplicidade de movimentos. O professor Ricardo inclui o relaxamento como uma atividade fundamental para aliviar as tensões do dia-a-dia ou da semana, utilizando, muitas vezes, a música como recurso, estimulando uma melhor sintonia do indivíduo consigo mesmo. Além disto, é desenvolvida uma avaliação ergonômica que envolve a área de engenharia e segurança da empresa para uma análise do colaborador no seu posto de trabalho. O objetivo é orientá-lo e corrigi-lo quanto aos vícios de postura durante suas atividades laborais.

O professor Guilherme Queiroga[14] nos explica que originalmente a Ginástica Laboral propõe que os exercícios sejam realizados no próprio local de trabalho e sob orientação de monitores devidamente treinados visando o mínimo de deslocamentos e interferências nas outras atividades da fábrica e também, o que é fundamental, facilitando a aceitação e a adaptação das pessoas a tais atividades. Psicologicamente falando, mantendo as características do ambiente, colegas já conhecidos e um monitor que faz parte do grupo, diminuem-se muito os fatores que poderiam aumentar a resistência a algo que é novo. Afinal, é necessário se estar consciente de que as resistências existirão em alguma medida, como pudemos observar, o que pode ser considerado normal diante da inovação e da mudança. É uma reação perfeitamente humana.

13 - *Holística - Educação Corporal*
14 - *Professor de educação física gaúcho que contribui para a multiplicação da idéia e prática da Ginástica Laboral.*

Acreditamos que através desta exposição ficam claros e definidos os objetivos desta atividade no âmbito das organizações. No entanto, é necessário que se explore um pouco mais o tema no sentido de compreender a Ginástica Laboral inserida em seu contexto original que é a educação física.

A Ginástica Laboral como prática educativa e de promoção da saúde merece ser pensada e analisada com crítica e lucidez. Para isto, é importante saber que: "O século XIX é particularmente importante para o entendimento da educação física, uma vez que é neste século que se elaboram conceitos básicos sobre o corpo e sobre a sua utilização enquanto força de trabalho" (Soares, 1994, p. 9).

O pensamento positivista, nessa época, nasce das ciências humanas e utiliza-se dos métodos das ciências naturais, especialmente as biológicas. A partir daí, a educação física torna-se a expressão de uma visão biologizada e naturalizada da sociedade e dos indivíduos. Ela incorpora e veicula a idéia da hierarquia, da ordem, da disciplina, da fixidez, do esforço individual, da saúde como responsabilidade individual. Passa a se constituir, então, em "valioso instrumento de disciplinarização da vontade, de adequação e reorganização de gestos e atitudes necessários à manutenção da ordem". Assim, o indivíduo é prisioneiro de seu organismo devido às leis biológicas (Soares, p. 16). O corpo dos indivíduos é instrumento do capital e para lhe ser útil precisa estar saudável e ser meticulosamente controlado. O corpo é visto como "a máquina menor da engrenagem da indústria capitalista" (p. 27).

Deste modo, o controle social começa no corpo, antes mesmo de atingir a consciência ou ideologia. A saúde é perseguida em nome dos interesses burgueses da época, existindo um caráter contraditório desta busca, que ao mesmo tempo em que liberta também aprisiona. Já nessa época, se observavam as terríveis conseqüências das péssimas condições de trabalho, situação que se tentava ocultar, é claro. No entanto, como o capital precisava de "corpos saudáveis", fazia-se urgente modificar este quadro. O exercício físico denominado ginástica surge com ênfase no século XIX visando cuidar do corpo e de seus movimentos, do homem biológico a serviço do capital. Toda esta descrição refere-se ao contexto europeu do período citado, onde encontram-se as raízes da situação da educação física, no Brasil, a partir desta mesma época.

Em síntese, a educação física, neste país, fruto da biologização e da moral burguesa, idealizada e realizada pelos médicos higienistas, integrou o conjunto de procedimentos disciplinares dos corpos e das mentes, necessário à consecução da nova ordem capitalista em formação. Acentuou o perfil do trabalhador adequado a esta ordem: mais produtivo, disciplinado, moralizado e, sobretudo, fisicamente ágil. Foi utilizado como instrumento de aprimoramento da saúde física e moral, considerada como "a receita para a cura de todos os males" que afligiam a sociedade brasileira no referido período (Soares, p. 159 e 160).

Entre as muitas definições de educação física apresenta-se a de Georges Nemeny, considerado o pai da Escola Francesa:

> *A educação física tem por objetivos o desenvolvimento do homem e consiste na educação das funções da vida: é a arte de conservar a integridade das funções e melhorá-las; tem por conseqüência impedir sua degeneração e sua viciação e de levar ao máximo sua possibilidade, contribuindo para a harmonia do organismo, para o bem do indivíduo e da raça (in Targa, 1973, p. 9).*

Ficam evidentes, nesta definição, os valores e ideologia descritos anteriormente. O Manifesto Mundial da Educação Física, em sua concepção geral desta, diz que: "A educação física é o elemento da educação que utiliza, de maneira sistemática e como meios específicos, as atividades físicas e a influência dos agentes naturais (ar, sol, água etc.). A atividade física é considerada, atualmente, como um meio educativo de alto valor, porque empenha o ser na sua totalidade. O caráter de unidade da educação por meio das atividades físicas é universalmente reconhecido" (in Targa, p. 63).

Quanto às finalidades dos exercícios físicos, o autor afirma que estas dependem basicamente da posição subjetiva em que se coloca o seu praticante quando a realiza, ou seja, sua intenção, motivos e objetivos para realizá-los.

Aliás, sobre isto Berger comenta que muitas pessoas se desinteressam das atividades corporais, pois acham que referem-se apenas aos músculos e enfatiza a importância de se despertar a motivação e o interesse nelas, pois só assim "o exercício torna-se a expressão da procura de um acordo total, de uma nova maneira de viver o corpo sem separá-lo da mente" (1988, p. 11).

A partir desta revisão e analisando o momento atual, no Brasil, pode-se afirmar que qualquer semelhança observada não é mera coincidência. A história se faz em ciclos e estes se repetem, muitas vezes, apenas revestidos com uma nova roupagem. Pergunta-se: estará a educação física, através da Ginástica Laboral, servindo a que ideais? Educação ou disciplinarização? Qual é o seu compromisso e com quem?

Neste mesmo sentido, Soares (1994) pergunta se os apelos da mídia e a busca frenética de cuidados com o corpo "não seriam hoje uma nova roupagem de um higienismo e eugenismo pós-moderno?" (p. 161).

E Costa (1990) propõe que se reflita sobre as ambigüidades relativas à situação da atividade física na sociedade atual, onde, dependendo da abordagem analítica, pode ser considerada meio de emancipação ou repressão (in Pulcinelli, 1994, p. 39).

As empresas estão sendo fortemente pressionadas pelo mercado, que exige qualidade e competitividade. Por outro lado, são forçadas, pouco a pouco, a encarar os altíssimos índices de acidentes de trabalho e doenças profissionais corroendo-lhes significativamente a produtividade e os lucros. Lançam mão da Ginástica Laboral como forma de amenizar e de prevenir estes problemas. Esta é a base da contratação, que enquadra-se perfeitamente nos moldes de uma sociedade capitalista. A ética é utilitária, predominando o antigo paradigma da administração pelo qual o ser humano é visto de forma fragmentária e apenas como um instrumento a serviço do capital ou como uma fonte de energia a ser exaurida e, depois, sucateada.

Da mesma forma que se pergunta quanto ao grau de evolução de conciência das empresas sobre os novos paradigmas e a nova ordem mundial, também pergunta-se em que medida a educação física está, de fato, ampliando sua consciência e assimilando a mudança de paradigmas na educação.

As empresas necessitam, hoje mais do que nunca, de pessoas comprometidas com os objetivos e resultados. Além de ser essencial para a consolidação de qualquer projeto ou programa, o comprometimento é algo muito mais complexo e profundo do que muitas empresas imaginam. Só pode ser conquistado através de uma relação de confiança e de respeito, entre indivíduos conscientes, responsáveis e livres.

Concordamos com o professor Kolodny (1994) sobre serem o TQM, Reengenharia ou qualquer outra forma de gestão adotada para transformar as empresas, etapas muito posteriores, que devem ser precedidas por uma intensa "busca do comprometimento de todos com o processo de mudança" (RAE, v. 1, n° 3, 1994).

Finalmente, neste sentido, a Ginástica Laboral pode colaborar com este processo no sentido de um desenvolvimento e evolução dos indivíduos e organizações, dependendo da competência, grau de conscientização e postura ética adotada pelos profissionais que a conduzem. Disto dependerá também sua afirmação e valorização como um importante instrumento de educação, prevenção e manutenção da saúde dos trabalhadores.

Segundo Targa (1973), assim como outros meios educativos, a atividade física pode ser uma "arma de dois gumes". Dependendo do tipo de profissional que a conduzir, pode ser um poderoso instrumento de educação e desenvolvimento ou, se cair em mãos incompetentes e unescrupulosas, pode deformar, produzir lesões e qualidades físicas e morais negativas. (p. 76)

O autor enfatiza que o preparo adequado e a identificação com a missão e o valor da educação física são fundamentais para alcançar resultados positivos.

É importante salientar que todas as tendências apontam qual as organizações que não investirem em educação não sobreviverão à virada do século. Neste sentido, as organizações do futuro são as "learning organizations" ou "organizações de aprendizagem", conforme Senge (1990), cuja concepção revolucionária propõe uma nova forma de administrar baseada na compreensão da realidade como um todo indivisível e auto-recorrente, onde todos aprendem com todos, permanentemente.

A aprendizagem coletiva como processo de evolução contínua é a base da sustentabilidade do sucesso das organizações. Fundamenta-se na premissa da inconectabilidade em oposição à da fragmentação. Pressupõe que o todo é maior do que as partes. Assim, a aprendizagem coletiva é maior do que a soma da aprendizagem dos indivíduos. Transcende a mera busca da sobrevivência e busca a evolução. Libera as pessoas, pois somente pessoas livres são capazes de buscar auto-ajustamento e autodesenvolvimento de forma autenticamente proativa (Amanda Key, 1993, p. 13 e 14).

Assim como para a administração se apresenta esta tendência, para a educação física também, nas palavras de Berge (1988):

Nada está separado de nada, e o que não compreenderes em teu próprio corpo não compreenderás em nenhuma outra parte.

Respostas a algumas questões

a) Individual ou em grupo?

A Ginástica Laboral é realizada normalmente em grupos reunidos nas proximidades ou no próprio local de trabalho. Os atendimentos individualizados são recomendados e realizados com aqueles indivíduos que, além dos problemas característicos da sua atividade ou posto laboral, apresentem outros problemas que precisem ser tratados de forma específica, como, por exemplo, os problemas com membros superiores que aparecem nos trabalhadores dos setores de montagem.

b) Utilização da música.

Diferentemente do Rádio Taissô, cujos exercícios são orientados pelas músicas especialmente criadas para tal prática, no caso da Ginástica Laboral não existe esta vinculação. Os exercícios podem ou não ser acompanhados por fundo musical. É claro que a música tem efeitos extremamente positivos sobre o ser humano e, se puder ser utilizada, provavelmente somará seus benefícios aos dos exercícios, mas não é imprescindível.

Na realidade por nós observada, tem sido utilizada por algumas empresas (não a maioria) com resultados bastante positivos.

c) Diversidade da atividade.

Alguns profissionais vêm buscando uma constante inovação e aperfeiçoamento de suas técnicas visando também melhor atender às necessidades, expectativas específicas de cada cliente. Isto é fundamental, principalmente, pelo risco que a ginástica corre de tornar-se monótona e repetitiva, transformando-se em mais um fardo para o trabalhador tal como a sua rotina laboral. Assim, vários profissionais e empresas estão adotando a prática de caminhada ao ar livre próximo ao seu local de trabalho, que é intercalada com exercícios de alongamento e respiração. A seqüência desta atividade depende do tempo disponível e o objetivo é justamente quebrar a rotina e o ritmo/repetição da ginástica, evitando o desgaste e a monotonia, conforme informam Dias (1996) e Scharcow (1996). Além disto, é certamente muito estimulante para os participantes, o fato de poderem olhar para o céu, entrarem em contato com a natureza e respirar. Pudemos acompanhar tal reação e observar recentemente em algumas das empresas pesquisadas, que possuem uma área verde nas proximidades de suas instalações.

De acordo com Dias (1996), é importante esclarecer que as diversificações referidas são feitas somente sobre a ginástica laboral preparatória. A compensatória não pode ser transformada em recreativa ou outras.

d) Ambiente e condições necessárias.

Conforme já foi dito, quando realizada em grupo, a ginástica exigirá pausa das atividades laborais por dez minutos e já deverá estar programada. Se não houver condições de espaço e/ou segurança no próprio local de trabalho, será realizada no lugar mais próximo que possua tais condições.

Se a empresa decidir, junto com os profissionais orientadores do programa, pela utilização da música, deverá providenciar instalações e equipamentos necessários.

Para atendimentos individuais, será necessário dispor de uma sala com colchonetes (colchões de espumas pequenos), sendo também importante que esta ou outra sala possam ser usadas pelos professores e monitores diariamente para o atendimento, registro de fichas, preparo de material escrito etc. Portanto, fazem-se necessárias mesa com cadeiras, telefone etc. Afinal, os profissionais contratados participarão do dia-a-dia da empresa e trabalharão em equipe multidisciplinar, necessitando dispor de instalações adequadas como qualquer outro funcionário. Isso independente de serem terceirizados ou não.

Ingrid Cañete

Exercícios da "SER – Ginástica Laboral"
Ginástica Laboral Compensatória

Montagem da Postura:
    a) Divisão do peso corporal;
    b) Ponto de equilíbrio do quadril;
    c) Circulação dos ombros para trás;
    d) Alinhamento da coluna cervical.

Série de exercícios de pessoas que trabalham com o pescoço predominantemente flexionado.

Exemplo: trabalhos de pecisão óculo-manual em linhas de montagem baixa; monitor de computador abixo da linha dos olhos, costureira etc.

Exercícios de mobilidade articular e distencionamento muscular da região da coluna cervical.

1 - P.I. - Em pé ou sentado, manter o queixo paralelo ao chão.
Exec.: a) Estender vagarosamente o pescoço para trás, mantendo os olhos abertos, inspirando durante o movimento. Perceber o limite máximo de amplitude.
    b) Voltar vagarosamente à posição inicial, expirando e relaxando a musculatura. Realizar cinco movimentos lentos procurando perceber se houve uma melhora de amplitude do movimento final.

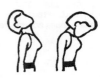

2 - P.I. - Em pé ou sentado, manter o queixo paralelo ao chão.
Exec. a) Flexão lateral do pescoço para a direita de forma lenta, expirando durante o movimento até o limite de amplitude do movimento.
    b) Voltar a P.I. Inspirando; repetir para o outro lado; realizar cinco movimentos lentos para cada lado, procurando perceber se houve uma melhora de amplitude no movimento final.

Equilíbrio da cabeça sobre o pescoço

3 - P.I. - Colocar as mãos na parte posterior do pescoço, realizando uma pressão no centro (C4 e C5) de modo que se flexione o pescoço à frente.
Exec.: Estender o pescoço mantendo a pressões das mãos. Equilibrar o pescoço sobre o tronco procurando o ponto de conforto. Realizar cinco movimentos. Passe a mão na parte posterior da coluna cervical e observe o alinhamento.

4 - P.I. - Colocar as mãos na parte posterior do pescoço, realizando uma pressão no centro (C4 e C5).
Exec.: Realizar suaves movimentos de balanceamento da cabeça sobre o peçoço. Realizar cinco movimentos e observar o sutil movimento da cabeça. O esquilíbrio da coluna cervical deve, de maneira geral, ser forte na parte baixa e livra para movimentação na parte mais alta.

Coluna Lombar

Série de exercícios para pessoas que trabalham com levantamento de transporte de peso; postura desfavorável de coluna vertebral, postura estática prolongada. Exemplos: trabalhos no almoxarifao, expedição, recebimento, estoque etc.

Exercícios de alinhamento das vértebras da coluna

1 - Deite de costas com os juelhos flexionados.
Os pés devem ficar com toda a planta enconstada no solo.
Respire fundo e relaxe.
Force suas costas contra o solo e contraia seu abdomem e os músculos de suas nádegas.
Permaneça nesta posição por 30 segundos, sempre cuidando da respiração.
Relaxe e repita por três vezes.

Exercícios de alongamento da parte posterior das vértebras lombares

2 - Deite de costas com os joelhos flexionados.
Os pés deve ficar com toda a planta encostada no solo.
Levante uma perna flexionando o joelho e com as duas mãos puxe-a para o mais próximo possível do seu peito.
Retorne à posição inicial.
Repita três vezes alterando as pernas.

3 - Deite de costas com o joelos flexionados.
Pés com as plantas encostadas no solo.
Respire fundo e relaxe.
Com a ajuda das mõas, puxe os dois joelhos para o mais próximo do seu peito.
Segure por 30 segundos.

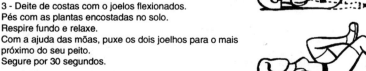

4 - Deite de costas com os joelhos flexionados.
Puxe um joelho para perto do peito e levante uma perna o mais alto que puder, no seu limite, nunca exagernado o movimento.
Volte à posição inicial.
Repita três vezes.

Ombros

Figura 1
Movimento de pêndulo
1. Incline-se para frente até atingir um ângulo de 45° do tronco em relação às coxas, com os joelhos semiflexionados e mova o braço como pêndulo numa extensão acima de um ângulo de 45 graus, do tronco em relação às coxas, com os joelhos semiflexionados e mova o braço de um lado para outro.
2. Incline-se para frente até atingir um ângulo de 90° e mova o braço de um lado para outro, de acordo com a figura.

Figura 2
Suba com os dedos pela parede. Mantenha uma distância da parede de modo a poder tocar com os dedos em espaço de 30 a 40 cm.

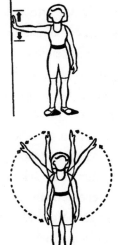

Figura 3
Comece com as palmas das mãos para dentro e não dobre os cotovelos.

Figura 4
Coloque o braço nas costas. Mantendo-se reto e mova o antebraço para cima e para baixo. Ajude com a outra mão levantando o punho o máximo possível, evitando a dor.

Figura 5
Comece com ambos os braços no alto e mantenha para cima as palmas das mãos. Não dobre os cotovelos.

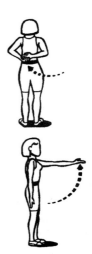

• Lian Gong
É a "**ginástica terapêuta clínica**": constitui-se em uma ginástica preventiva e auxiliar no tratamento de diversas enfermidades. Foi criada pelo médico ortopedista Dr. Zhuang Yuen Ming, em 1974. E vem sendo adotada como mais um recurso na prática da Ginástica Laboral Compensatória e Terapêutica. Os principais resultados observados têm sido os seguintes, segundo o professor Marco Scharcow: prevenção e reabilitação de lesões, aumento da consciência corporal, aumento da flexibilidade, modificação dos estados patológicos localizados, de circulação e metabolismo, correção de má postura e relaxamento de corpo e mente.

Estamos acompanhando os passos e a evolução da Ginástica Laboral nas empresas e sabemos que, por ser considerada uma prática inovadora, e só recentemente estar ganhando espaço entre nós, existe todo um caminho a ser percorrido em termos de seu desenvolvimento e aperfeiçoamento. Principalmente por seu caráter multidisciplinar, esta prática exige e continuará exigindo muito investimento em estudo e pesquisa, o que, certamente, garantirá ainda melhores e maiores resultados no futuro, bem como sua consolidação como parte da cultura das empresas e quem sabe de toda nossa sociedade.

Entretanto, faz-se necessário esclarecer que apresentamos aqui apenas alguns exemplos dos exercícios utilizados pela Ginástica Laboral. Há, na realidade, uma infinidade de séries de exercícios que podem ser criados e/ou combinados de acordo com as necessidades e especificidades dos clientes e impossíveis de serem reproduzidos aqui. Além disto, não nos propomos com este livro a apresentar um manual sobre a ginástica e muito menos a esgotar um tema tão amplo e que está apenas começando a ser explorado.

METODOLOGIAS E ESTRATÉGIAS PARA A IMPLANTAÇÃO

Em primeiro lugar, é importante salientar que qualquer empresa, em princípio, pode e deve implantar a Ginástica Laboral. No entanto, é fundamental que haja um real comprometimento com a idéia, após a tomada de decisão, pois é bom lembrar que uma nova proposta sempre gera expectativas e se a experiência for malsucedida cria um clima e condições desfavoráveis para outras tentativas.

Existem aquelas empresas onde os índices de doenças ocupacionais e acidentes podem não estar tão acentuados, sendo considerados até sob controle. Mesmo assim, a ginástica está indicada, pois, como já vimos, o seu principal objetivo é agir preventivamente tanto quanto aos acidentes como no sentido de evitar o estresse, aumentar o bem-estar e a disposição dos indivíduos, facilitar o relacionamento e a cooperação entre as equipes e, conseqüentemente, incrementar os resultados.

Em outras empresas, poderão ser detectados índices altos e/ou em elevação quanto a acidentes, doenças como lombalgias, tendinites etc. Nestas, é evidente que a Ginástica Laboral, assim como uma avaliação ergonômica, são urgentemente indicadas.

Empresas onde o nível de estresse e esgotamento dos funcionários está sendo considerado preocupante e/ou em elevação também recebem indicação da ginástica. Nunca é demais lembrar que os problemas ligados à saúde humana não podem jamais ser analisados isoladamente e sem levar em conta a dimensão social ou coletiva. Ansiedade, estresse e dores estão inter-relacionados, assim como o uso de drogas e a depressão aparecem associados ao estresse, Nestes casos, mesmo que a ginástica não seja (e provavelmente, não será) a única indicação, com toda a certeza ela contribuirá enormemente, uma vez que, como já foi dito, é maior promotor, não medicamentoso, isolado de saúde.

Apresentaremos, a seguir, algumas "dicas" e orientações importantes para as empresas que desejam conhecer melhor e implantar a Ginástica Laboral e, também, em seqüência, nos dirigimos aos profissionais de educação física que desejem contatar com as empresas com o mesmo fim.

Interesse em conhecer melhor a experiência

Vamos supor que a sua empresa esteja interessada em conhecer mais de perto a experiência com a Ginástica Laboral. Neste caso, além de apresentarmos no capítulo seguinte as diferentes experiências de sete empresas que implantaram sugerimos, o seguinte:

a) Procure estar em contato com outras empresas que praticam a ginástica. Peça para visitá-las e solicite informações e opiniões.

b) Faça contato com os profissionais[15] devidamente habilitados que prestam serviços nesta área para receber maiores esclarecimentos, inclusive de ordem técnico-científica, custos etc.

Decisão quanto a implantar a Ginástica Laboral

Se você e/ou sua empresa já decidiram adotar esta prática, ótimo, parabéns! A primeira questão é identificarmos de onde partiu a decisão, se todos os que têm poder para decidir estão de acordo e quais os valores, motivos e crenças que sustentam tal decisão. Isto é fundamental para o sucesso do projeto, uma vez que significa a base para o alcance do comprometimento de todos os níveis da empresa como o mesmo. Precisamos ter em mente que, como todo o processo que envolve

---

15 - Hoje já existem várias empresas organizadas e prestando serviços nesta área.

educação e desenvolvimento de pessoas, ela seguirá algumas fases e etapas e terá um tempo mínimo para se consolidar, que poderá variar de empresa para empresa em função de características específicas, tais como cultura, ramo de atividade, característica de sua população etc.

A decisão está tomada! Então, o primeiro passo será contatar com a empresa que você escolheu ou aquelas existentes, ou ainda poderá optar por contratar um profissional para atendê-lo exclusivamente, o que também é possível. Queremos, no entanto, fazer uma importante ressalva: não contrate ninguém antes de obter referências e certificar-se de que é um profissional qualificado e preparado.

Segundo Dias, somente aqueles com formação em Educação Física estão habilitados a atender adequadamente a área. Conforme Scharcow, a formação básica do profissional deve incluir conhecimentos quanto à ginástica terapêutica, ergonomia e programas de qualidade total. Ele enfatiza que estar atualizado sobre o que ocorre no mundo organizacional e ter noções sobre as novas formas de gestão facilitam muito a atuação e o sucesso. Portanto, cuidado na escolha do profissional. Procure aquele que possua um perfil com maiores probabilidades de identificação com a cultura e realidade de sua empresa.

A implantação da Ginástica Laboral

Antes de mais nada, é preciso assinalar que o sucesso da implantação deste programa, além de ter como base o comprometimento da cúpula da empresa, implica necessariamente mudança ou transformação da cultura organizacional. Todos sabemos que a cultura (valores, crenças, hábitos, padrões comportamentais etc.) dos grupos funciona "naturalmente" como fator de resistência à mudança e de manutenção do "status quo". Dissemos "naturalmente" porque quisemos nos referir ao que é intrínseco à "natureza humana" e está presente, sempre em alguma medida, nas relações do indivíduo consigo mesmo e com os outros: a resistência à mudança.

Portanto, é necessário que a empresa cuja decisão seja implantar a ginástica lance mão de seus profissionais de "Recursos Humanos", psicólogos e outros administradores para atender aos aspectos de sua cultura que possam interferir ou dificultar o processo de implantação. Neste sentido, é fundamental que atuem conjuntamente os executivos, gerentes, supervisores, o R. H. e os profissionais de educação física contratados.

Feitas estas observações, finalizadas as negociações e firmado o contrato entre as partes, é hora de implantar.

A implantação, propriamente dita, pode ser compreendida como sendo composta de cinco fases e suas respectivas etapas.

FASE I – LEVANTAMENTO DE NECESSIDADES (diagnóstico)

Esta fase é fundamental e crítica para a continuidade e o sucesso nos resultados, podendo ser comparada ao diagnóstico feito pelos médicos, quando exames, investigação e avaliação cuidadosa devem ser realizados a fim de evitar um erro na indicação do tratamento, já que isto seria desastroso e até em muitos casos, fatal.

ETAPAS:

1) Escolha do "Grupo Piloto": esta escolha deverá ser feita tendo como principal critério (não o único) a incidência de problemas como: dores, lombalgias, tendinites, estresse. Freqüentemente,

este "grupo piloto", escolhido estrategicamente para iniciar a experiência, pertence à área de montagem, no caso das indústrias. Sendo bem-sucedida neste grupo, tal experiência poderá ser repassada para as outras áreas da empresa com vantagens, pois além de contar com o melhor sistema de divulgação, que é o "marketing boca a boca" dos funcionários já praticantes, conta-se ainda com a possibilidade de passar para o próximo grupo com os ajustes necessários feitos.

2) Definição do Perfil do Grupo e do Setor: tendo sido identificado, como parte inicial do diagnóstico, o público alvo ou "grupo piloto", os próximos passos serão na direção de um estudo detalhado[16], que deverá incluir pelo menos os seguintes aspectos:

a) Características e condições do setor e do posto de trabalho, incluindo uma avaliação ergonômica.
b) Funções desempenhadas pelas pessoas.
c) Ritmo de trabalho.
d) Turno de trabalho.
e) Jornada de trabalho.
f) Condições do ambiente físico (ruído, temperatura, iluminação etc.).
g) Ambiente de trabalho e "clima" predominante (relacionamento interpessoal, comunicação, pressões etc.).

É fundamental que o(s) professor(es) contratado(s) trabalhe(m) desde a etapa de diagnóstico, em conjunto com os profissionais da empresa responsáveis por Recursos Humanos, Engenharia e Segurança e Saúde Ocupacional.

---

[16] - *Estudo detalhado não significa demorado, desde que seja realizado por profissionais qualificados.*

FASE II – INFORMAÇÃO

Este é o momento decisivo para a continuidade do processo, uma vez que se pretende "tocar" as pessoas, chamar a sua atenção, sensibilizá-las e, mais do que isto, conscientizá-las sobre a relevância do tema para cada uma delas e para a organização. É necessário usar técnicas estratégicas que despertem o interesse e convidem todos a "participar" de fato do programa, sem manipulações, pois somente assim estaremos cultivando as sementes para um futuro compromisso ou comprometimento com o mesmo. Não manipular significa ser honesto, transparente e, portanto, íntegro.

ETAPAS:

1) Conhecimento e Sensibilização: trata-se aqui de trazer as primeiras informações sobre a Ginástica Laboral (o que é, objetivos, resultados) para dentro da empresa através de palestras, vídeos, material informativo nos murais etc. É fundamental que todos os níveis hierárquicos passem por esta etapa, ou seja:
a) Cúpula: presidente, diretores e executivos.
b) Nível Gerencial e chefias/supervisores.
c) Funcionários em geral.

Salientamos que todos, sem exceção, devem ser envolvidos. No entanto, é crucial que o primeiro escalão dê o exemplo e esteja à frente de todas as ações e iniciativas, mostrando o seu aval e legitimando o processo.

2) Conscientização: esta etapa visa envolver os diferentes grupos e níveis hierárquicos no sentido de aprofundar os conhecimentos sobre a Ginástica Laboral.

O objetivo é conscientizar sobre a implantação, confirmando-a e alertando sobre as mudanças que acarretará. Isto significa que precisarão ficar claros os objetivos deste programa e os da empresa ao adotá-lo, bem como as responsabilidades de cada um na direção de viabilização. Salientamos, mais uma vez, que a transparência na condução do processo bem como a orientação eminentemente participativa, facilitam e favorecem a consecução do mesmo, assegurando resultados mais duradouros. A obrigatoriedade e o uso da autoridade são contra-indicados, o que não significa ausência de organização, regras, limites e orientação durante o processo. A participação, em nosso entender, é, acima de tudo, um processo de educação e desenvolvimento no sentido da conscientização e da liberdade com responsabilidade.

Baseando-se na experiência, não só brasileira, mas também internacional, podemos afirmar que a conscientização dos altos escalões e gerências significa não só acordo verbal, mas ação efetiva no sentido de praticar a ginástica diariamente, junto com os seus funcionários sendo o exemplo vivo dos valores e objetivos enunciados e perseguidos. Este é, sem dúvida, o ponto mais crítico para o sucesso do programa de Ginástica Laboral e de tantos outros. Na verdade, *o exemplo é determinante*.

FASE III - IMPLEMENTAÇÃO

Alcançando um nível suficiente de conscientização de todos e, principalmente, dos altos escalões como acabamos de enfatizar, podemos começar a colocar em prática o programa.

ETAPAS:

1) Implantação do "Grupo Piloto": esta etapa será coordenada pelo professor contratado que orientará as séries de exercícios, mantendo atenta supervisão e procurando despertar a motivação e o interesse, bem como estimulando a participação. A duração desta etapa tem sido de três a quatro meses, coordenada pelo professor e com a participação de todo o grupo.

As resistências por parte de alguns funcionários em participar mostram-se mínimas nas empresas pesquisadas. Nestes casos, algumas eram pessoas de idade mais avançada e/ou estavam associadas à não-participação da sua chefia, ou ainda eram pessoas que necessitavam de um maior investimento e atenção quanto às informações e conscientização. Estas últimas, tendo sido chamadas a uma orientação mais personalizada, acabaram se entrosando com a atividade. É importante salientar que a resistência, dentro de certos limites, deve ser esperada e compreendida como reação natural a todo e qualquer processo de mudança.

É claro que existem muitos aspectos e particularidades referentes à esfera da psicologia humana que precisam e devem ser considerados, estudados e contemplados por este tipo de programa para que os resultados sejam mais efetivos e mesmo por questões de respeito e ética para com as pessoas. Portanto, sugerimos que as empresas procurem assessorar-se de um psicólogo com a competência necessária, ou seja, voltado para o estudo e prática da Psicologia Organizacional.

Além disto, queremos destacar a importância vital do envolvimento e entrosamento entre os profissionais de R. H., Saúde e Segurança da empresa com o professor e/ou equipe de profissionais contratados para coordenar o programa de ginástica.

2) Avaliação da experiência e resultados: após os três ou quatro meses de duração da experiência com o "grupo piloto", é hora de realizar-se uma cuidadosa avaliação dos resultados alcançados, mudanças observadas e fazer os ajustes necessários, visando à continuidade do processo.

Estes resultados devem ser discutidos pelos profissionais da empresa envolvidos mais diretamente no programa (R.H., saúde e segurança, gerência de área) e o(s) professor(es) de ginástica. Na verdade, esta etapa pode sofrer variações sobre a ordem e a composição dos grupos de discussão e avaliação, devido às peculiaridades de cada empresa. O importante é que ocorra e que envolva as duas partes. Se possível, sugerimos contar com a participação de representantes dos funcionários.

Se a experiência foi positiva, bem como seus resultados, o que ocorreu em todas as empresas pesquisadas, isto facilita e oferece um bom prognóstico para a continuidade do programa.

Observou-se que nesta etapa as pessoas já puderam sentir os benefícios do exercício físico em si mesmas e nos colegas, de forma livre e espontânea, sem imposições. E assim, desejam continuar.

3) Aceitação ou consentimento: quando o acima descrito começa a ocorrer e se mantém na continuidade da implantação, temos boas razões para acreditar que a idéia foi aceita e que as pessoas, além de perceberem os benefícios, estão abertas e receptivas a estes, consentindo que façam parte de seu dia-a-dia.

FASE IV - DESENVOLVIMENTO E CONSOLIDAÇÃO

Esta é a fase em que se dá continuidade ao processo e o programa de Ginástica Laboral já deve estar, pelo menos, sendo comentado por todos na empresa e aguardado por muitos com grande expectativa.

Cada implantação em um novo setor exigirá aquele trabalho de diagnóstico do grupo e do setor, incluindo um perfil psicológico das pessoas e do grupo. Além disto, a avaliação e o acompanhamento, bem como os ajustes necessários, deverão fazer parte da rotina diária e do processo como um todo. Sempre envolvendo todos os participantes a fim de cultivar a consciência, a responsabilidade e, obviamente, assim manter o programa e seus resultados.

ETAPAS:

1) Seleção e treinamento dos monitores: na medida em que o programa se realiza, os praticantes vão sendo observados e, então, chega o momento da seleção daqueles que serão os multiplicadores do processo.

Inicialmente são solicitados voluntários, o que em geral ocorre facilmente. Se não ocorrer, algumas pessoas são indicadas e chamadas para avaliação e possível interesse. Originalmente, a proposta da Ginástica Laboral ser conduzida por monitores visa facilitar sua disseminação, por serem pessoas do próprio meio do trabalhador, falando a mesma linguagem etc. Mas, além disto, em termos práticos, as empresas não teriam condições de contar, em muitos casos, com um número grande de professores para atender todos os seus grupos e horários. Assim, os monitores também viabilizam a manutenção do programa. É indicado e sugerido que as empresas ofereçam algum tipo de "destaque" ou "mérito" àqueles que se dispõem a monitorar a ginástica. Na realidade, isto tem sido pouco praticado, mas, quando é feito, surte ótimos resultados.

A preparação dos monitores selecionados é fundamental. Será planejada e executada pelo professor contratado, inclui teoria e prática, bem como supervisão cuidadosa. Resumidamente, conforme Scharcow

(1996), o treinamento está assim organizado: seis horas de aulas teóricas, quatro horas de aulas práticas e cinco horas de estágio supervisionado, no qual irá orientar sessões de ginástica sendo acompanhado pelo professor/supervisor. Após estas 15 horas de curso, é feita uma avaliação individual da performance do monitor, que poderá ser considerado apto ou não a continuar. Aquele que for tido como "não apto" será assessorado por mais algum tempo nas suas carências ou necessidades até tornar-se apto. Pode ocorrer também da pessoa desistir, o que não acarreta nenhuma conseqüência, uma vez que a função não é obrigatória.

2) Implantação em outros setores: como já foi mencionado, esta implantação ocorrerá após a seleção e identificação do próximo setor de acordo com necessidades e características da empresa. Será feito o diagnóstico e a seguir a implantação conforme as especificidades de cada setor e grupo. Seguem-se avaliação, ajustes e, assim por diante, continuadamente.

FASE V – COMPROMETIMENTO

Este, temos consciência, só terá sido alcançado quando todas as pessoas de todos os diferentes níveis hierárquicos estiverem participando ativamente da ginástica, diariamente, por livre e espontânea vontade e decisão. Acreditando, percebendo e valorizando os resultados e os benefícios colhidos por todos: empresa, funcionários, clientes, fornecedores e comunidade.

Então, significará que a Ginástica Laboral foi interiorizada pelas pessoas e incorporada pela cultura da organização, tornando-se um hábito saudável e parte da vida laboral. Neste estágio, certamente, tal conquista será fortemente defendida por todos.

Conforme dissemos inicialmente, daremos agora algumas dicas[17] àqueles profissionais de educação física que tenham interesse na área:

Contatos e negociação:

a) Selecionar empresas e fazer contato.
b) Contatar o Departamento de Recursos Humanos e levar a idéia da Ginástica Laboral.
c) Elaborar um anteprojeto para a empresa com dados genéricos.
d) Fazer um novo contato com esta empresa para a adaptação deste anteprojeto visando obter dados e informações reais, específicas.
e) Elaborar um projeto de acordo com a realidade da empresa, incluindo os custos de implantação e manutenção.

---

17 - Dicas gentilmente fornecidas pelo professor Marco A. Scharcow

OS RESULTADOS DA EXPERIÊNCIA NAS EMPRESAS

A presentaremos, finalmente, a experiência desde a implantação da Ginástica Laboral nas sete empresas pesquisadas. Devido à solicitação de uma delas no sentido de não ser identificada pelo nome, optamos pela não-identificação geral. Vamos à experiência, então:

EMPRESA "A"

Pertence ao ramo metal-mecânico, possui 1.600 funcionários, constituindo-se em uma holding, basicamente, de capital nacional com sede em São Paulo, mas de origem gaúcha. De acordo com sua política de qualidade, o negócio da empresa é desenvolver, produzir e comercializar produtos destinados a atender às necessidades de mecanização da agroindústria nos mercados interno e externo com qualidade superior. Possui certificado ISO 9000.

A experiência com a ginástica iniciou em agosto de 1993 com um grupo piloto de 35 pessoas na fábrica de componentes primários, devido a incidência de trabalhos pesados. O principal motivo que levou a empresa a adotar a Ginástica Laboral Preparatória e Compensatória foi o alto índice de doenças ocupacionais, principalmente lombalgias, causando um índice equivalente de afastamentos do trabalho. Segundo o engenheiro de segurança, as causas para tal incidência são o ritmo de trabalho muito intenso, excesso de peso e prolongamento da jornada de trabalho. Fatores estes relacionados com mudanças implantadas na empresa a partir de 1988, como por exemplo, as cédulas de produção, a polivalência dos trabalhadores e a "busca" do certificado ISO 9000, conforme o engenheiro e um funcionário da produção, que é também monitor da Ginástica Laboral Preparatória na fábrica.

Atualmente, todo o pessoal de produção (850 pessoas) fazem os exercícios mas no início houve resistências, devido, principalmente, à desconfiança de que seria mais uma exigência da empresa. O sindicato também demonstrou preocupação com sobrecarga para os funcionários. Mas houve um trabalho de conscientização através de palestras, conversas individuais, esclarecimento sobre a não-obrigatoriedade e a prática foi se expandindo. A área administrativa foi a última a assimilar a ginástica, por ser mais resistente à inovações. Está se iniciando um trabalho de ergonomia, tendo sido trazido o especialista Hudson Couto para a formação de 25 pessoas na empresa. A implantação do programa de Ginástica Laboral foi bastante facilitado pelo fato de alguns diretores terem ido ao Japão e apreciado as experiências por lá. E, conforme o gerente de Recursos Humanos, a visão e a postura da direção foram determinantes para a implantação e o sucesso da Ginástica Laboral. Ele refere que há três ou quatro anos a visão da empresa em relação aos funcionários era a do "homem-máquina", mas hoje está mudada, evoluiu. "Existe a consciência formada" de que é necessário investir nas pessoas como um todo. O gerente prossegue afirmando que a "mudança dos tempos e a competitividade também determinaram a adoção da ginástica, é preciso investir em R. H. para ser o melhor, é questão de sobrevivência". No entanto, de todo o grupo, sua divisão é a única a adotar a ginástica por enquanto.

Ele salienta que a maior contribuição trazida pela Ginástica Laboral foi "despertar" a empresa para a questão da ergonomia, ou seja, "o homem na relação com as máquinas, no posto de trabalho". Acha difícil medir isoladamente os resultados da ginástica, mas é categórico em afirmar que eles existem. Houve melhoria do ambiente de trabalho, maior integração, redução em 30% dos problemas lombares, além da redução dos acidentes, já mencionada. Segundo ele, a intenção é continuar com esta prática, aperfeiçoá-la e estendê-la às outras divisões.

Quanto aos resultados, o engenheiro afirma que as doenças ocupacionais foram reduzidas, assim como os acidentes de trabalho e as pausas. O acesso a esses indicadores e dados numéricos ainda não foi possível. Recentemente foi realizada uma pesquisa de clima que apontou maior satisfação do funcionário com a empresa, aumento da autodisciplina, mudanças no relacionamento entre as chefias e funcionários. Segundo ele, a ginástica criou um ambiente mais familiar e uma oportunidade de contato mais pessoal entre todos. Isto deve-se também ao fato de que, além dos 10 minutos para a ginástica, depois é realizada a reunião "Bom dia", que dura de 5 a 15 minutos e visa criar um espaço para passar informações sobre ISO 9000, sobre comprometimento do funcionário ou sobre assuntos que o grupo sugira. As pausas não são descontadas nem compensadas. Mas, segundo os funcionários, o ritmo está muito intenso e as horas extras excessivas abrangem inclusive os finais de semana. Um deles comentou que, na região, a empresa já está "malvista" pelas mulheres. Elas não querem namorar ou casar com homens que lá trabalham, pois eles não têm tempo para a família, não param em casa.

Em contato não-planejado com um grupo de funcionários (seis), 50% disse que a ginástica é boa, melhora o bem-estar, acorda e deixa-os dispostos para o trabalho, tendo eliminado as fortes dores que um deles tinha no joelho. Acham que ela previne problemas. Os outros 50% referem que a ginástica aumenta a dor e o cansaço. Um fato curioso é que todos os seis funcionários, alguns com mais de dez anos de empresa, afirmaram não conhecer nem saber o nome do gerente de R.H.

Ainda quanto aos resultados, um outro grupo de três funcionários apontou que, após terem iniciado a atividade física diária (modalidade preparatória), o humor melhorou, levantou o "astral", ficaram mais dispostos, alegres e risonhos. Um deles disse que até emagreceu e, como já fazia esportes fora da empresa, apreciou muito a criação da Ginástica Laboral. Salientou que passou a gostar mais de si mesmo e ficou mais vaidoso. Um outro contou que a partir da educação do corpo teve um insight (deu-se conta) sobre a possibilidade de "melhorar outros comportamentos a atitudes" e começou a ensinar seu filho e a si próprio sobre cuidados com higiene e ambiente, do tipo "não jogar lixo no chão". Ele disse que a ginástica o estimulou a pensar em outras áreas de sua vida e educação. Sente-se melhor após a ginástica, mas esta não elimina o cansaço pois "estamos trabalhando demais e por muitas horas, temos sobrecarga, é difícil agüentar!"

Dois funcionários deste grupo referiam-se ao terceiro colega como sendo, antes de ter iniciado a ginástica, uma pessoa fechada e com "cara de bravo" e depois foi se modificando, se dando mais com os outros, sorrindo, ficou mais próximo". Ele concordou com os colegas e sorriu.

A coordenação desta atividade é feita pela área de segurança. Um dos engenheiros, que acompanha de perto o programa, refere que a adesão do gerente de produção, que comprou fortemente a idéia, foi fundamental. Ele afirma que, embora seja difícil ter indicadores precisos no momento, é certo que a produtividade aumentou ou pelo menos não caiu, apesar das pausas, o que, aliás, era um receio no início. Atualmente, a ginástica já está atingindo toda a empresa e pode ser considerada um sucesso, segundo o engenheiro.

Resumidamente, os passos adotados para a sua implantação, foram:
— Divulgação para a diretoria e gerências.

— Divulgação e "venda da idéia" para os supervisores e gerências de área (mostrando o programa de vantagens). Em paralelo, foi feita a divulgação de notícias e informações sobre o assunto nos murais e locais de circulação de funcionários.

— Palestras para os grupos de funcionários envolvidos, mostrando objetivos, vantagens e introdução ao tema: Ergonomia.

— Recursos técnicos: exposição verbal e transparência.

— Início da ginástica na fábrica, com um grupo piloto (escolhido devido à maior incidência de problemas, acidentes etc.).

— Observação dos potenciais candidatos e monitores (entre os funcionários).

— Ginástica com os grupos orientados por professores contratados.

— Ginástica orientada por monitores com acompanhamento de professores.

— Continuação das palestras e formação de novos grupos.

São realizadas, atualmente, a ginástica preparatória para todos e a ginástica compensatória individual para aqueles casos em que ficar evidenciada a necessidade mediante diagnósticos multidisciplinar.

A empresa trabalha com a idéia de conscientização crescente da necessidade das áreas de segurança e produção trabalharem juntas em parceria, visando à qualidade.

Após a fase inicial de implantação e sedimentação do programa de ginástica, foi reservado um local adequado em cada setor para o atendimento individual dos funcionários e treinamento de monitores. A modalidade ginástica preparatória, que é coletiva, realiza-se no pátio da fábrica à 7h15min. A prestação de serviços nesta área é feita pela Michielin – Centro de Ginástica Laboral, de Porto Alegre.

EMPRESA "B"

É uma multinacional do ramo metal-mecânico, voltada para a fabricação de motosserras, com 801 funcionários. Adota A Gestão da Qualidade Total e sua missão é servir os consumidores com produtos e serviços de qualidade, ser reconhecida como empresa modelo em termos de qualidade e ser reconhecida como a melhor no cumprimento das obrigações para com consumidores, revendedores, empregados, fornecedores, comunidade e acionistas.

Nesta empresa, iniciou-se um grupo piloto de Ginástica Laboral Compensatória em abril de 1994, envolvendo 96 pessoas no setor de montagem. A iniciativa se enquadra no Programa de Qualidade de Vida no Trabalho; além disso, visa à diminuição do estresse, a quebra do ritmo de trabalho e prevenção de doenças ocupacionais (cujo índice é baixo, atualmente) e ainda a melhoria das condições de ambiente de trabalho, conforme o gerente de Recursos Humanos esclareceu. O trabalho é coordenado pela área de Segurança do Trabalho. Existe um grupo de estudos em ergonomia que estuda o assunto e trabalha mais ligado à área de montagem, onde o trabalho é mais repetitivo e manual. As adequações ergonômicas do setor foram feitas em 1993 e, desde então, todo e qualquer novo equipamento é avaliado pelos profissionais da área.

O engenheiro de segurança analisa que a experiência com a ginástica de pausa precisa de um tempo longo (pelo menos um ano) para os resultados serem avaliados. Considera que só funciona se houver profissionais bem preparados e com muita empatia para cativar os trabalhadores, o que deve estar associado a estudos e prática da Ergonomia. ele refere que no início houve algumas resist6encias, pois as pessoas achavam que era mais uma obrigação e um esforço a ser feito ou que era brincadeira e que iriam sentir-se "gozados" ou ridículos.

Mas ao mesmo tempo houve satisfação devido à quebra do ritmo de trabalho e prazer e perceberem os efeitos sobre os problemas tais como as tendinites.

A intenção da empresa, é primeiro, sedimentar esta experiência, avaliar sua assimilação pela cultura da empresa e, só então, estender a prática da Ginástica Laboral para outros setores, afirma o gerente.

As pausas são de 40 minutos ao todo por dia, ou seja, 20 minutos em cada turno. Segundo o engenheiro, isto não prejudicou a produtividade. Os registros de indicadores para avaliação de resultados estão sendo feitos mas não objetivando especificamente a ginástica, pois são uma rotina da empresa. São eles: rotatividade, absenteísmo, produtividade, afastamento por doenças ocupacionais (estes casos estão estabilizados há um ano). Ele acredita que é cedo para poder se relacionar estes índices com a ginástica e pensa que deve-se estudar a interferência de outras variáveis nos resultados, como algumas recentes melhorias de benefícios que a empresa passou a oferecer, por exemplo. Percebe-se como benefícios da prática da ginástica: a satisfação do funcionário com a empresa por esta se preocupar com ele (fator psicológico); despertar para um interesse maior consigo mesmo; fisicamente benéfico; do ponto de vista médico, é comprovadamente benéfica.

As pausas não são descontadas nem compensadas, mas, segundo o gerente de R. H., "a proposta para o pessoal é que dêem retorno em temos de produção e produtividade".

Conforme o supervisor do setor de montagem, praticam hoje a ginástica preparatória e a compensatória visando "amenizar" os problemas existentes, como tendinites, bursites e as dores do pessoal. Ele confessa que havia um forte receio de que as paradas pudessem afetar a produção, mas não anotaram prejuízos. Pelo contrário, houve benefícios: "A impressão que dá é de que a produtividade até aumenta". Quanto aos resultados, diz que observou que o pessoal fica mais "aquecido" e mais disposto, ativo e energizado; o relacionamento melhorou muito, pois se reúnem e passaram a conversar mais, não ficam mais tão espalhados nos intervalos, formam grupos; é uma oportunidade de encontrarem os colegas dos postos diferentes; além disto, percebeu que é bom para a saúde e que o pessoal estendeu o hábito para a casa e até para seus familiares. Salientou a importância do atendimento individualizado e declarou ser a favor da continuidade da ginástica. No entanto, ele não a pratica junto com os funcionários, alegando que, já que suas atividades funcionais são diferentes, não tem necessidade. Mas aprendeu alguns exercícios de alongamento e relaxamento com o professor e criou o hábito de fazê-los na empresa e em casa.

Segundo o engenheiro de segurança, na empresa, este ano, o ritmo da produção foi extremamente intensificado por novas metas altíssimas e, embora tenha contratado 175 novos funcionários, o pessoal está sendo "requisitado" a fazer muitas horas extras e a trabalhar nos fins de semana. Os acidentes de trabalho, embora, "pequenos", têm sido muito freqüentes em função do pessoal novo e da necessidade de treino e adaptação. Neste sentido, o depoimento de um desses funcionários novos ilustra o nível de tensão: "Eu estou muito nervoso, todo o tempo fico assim, tremendo, é difícil controlar pois sou novo, tô chegando e não me acostumei bem com o serviço. Tenho que cuidar para não errar, o ritmo é bem puxado e se errar pode até dar acidente, sei lá..." Já uma outra funcionária, mais antiga, refere que não aceitou fazer o "serão" pois ela não agüentaria, diz: "Quando chega no final do dia, eu tô exausta e não sinto condições de fazer mais nada, as pernas doem, a cabeça não agüenta".

Pode-se perceber, nesta empresa, que muitas pessoas chegam a sentir revolta com o ritmo e nível de exigência tão excessivos. Uma delas manifestou que "nestas condições, o máximo que a ginástica laboral pode conseguir é evitar a estafa total".

Os passos seguidos para a implantação foram:
— Conscientização através de palestras.
— Formação de monitores (oito).
— Início de projeto piloto no setor de montagem.

— Durante a etapa de entrevista pessoas para este estudo, encontrou-se muita dificuldade para "retirar" pessoas da produção, mesmo sendo uma a uma. Chegando-se a ficar, durante uma manhã toda, aguardando sem conseguir entrevistar ninguém, embora a data e horário estivessem marcados previamente. O motivo alegado foi o ritmo da produção.

EMPRESA "C"

Caracteriza-se por seu uma empresa familiar, do ramo metal-mecânico, com 36 anos de existência e 400 funcionários.

Está voltada para o mercado nacional maciçamente, visto que 90% de sua produção são destinados ao mercado interno e apenas 10% à exportação, principalmente para a Argentina. É a maior empresa de seu município. Prepara-se, no momento, para implantar uma programa de qualidade e não pretende receber o certificado I SO 9000.

Segundo a gerente de R.H., em 1992, começaram a observar alto índice de dores nos braços dos funcionários (60% do quadro é feminino) e contrataram um médico do trabalho para avaliar a situação. Ele sugeriu a Ginástica Labora e apresentou a professora Fátima Michielin Dias e sua empresa. Antes de decidirem, buscaram informações junto a outras empresas que já adotavam a ginástica.

Em maio de 1994, iniciaram um projeto de piloto com um grupo de 19 funcionários do setor de montagem porque este apresentava o maior número de queixas. Este projeto durou três meses e a partir daí foram implantando em outros setores. Os passos seguidos foram:

— Apresentação dos resultados da ginástica em outras empresas para a diretoria.

— Palestras informativas para funcionários.

— Criação de comitê de Ergonomia, em outubro de 1994, com equipe multidisciplinar, composta por representantes das áreas: montagem, medicina do trabalho, segurança do trabalho, controle de qualidade, gerência de R.H., métodos e processos, laboratório, mecânico e manutenção, matrizaria e professora de ginástica.

— Implantação de revezamento de postos nas linhas de montagem.

— Questionário aplicado aos funcionários visando avaliar as necessidades e a situação individual e grupal.

O objetivo da empresa é estendera a Ginástica Laboral a todas as área, visando reduzir as tenossinovites (dores nos braços). Até o momento, os resultados observados são: ceraram-se os acidentes de trabalho, reduziram-se os problemas relativos à doenças ocupacionais (dores nos braços) e afastamentos decorrentes, aumentou a necessidade de treinamento devido ao revezamento de postos. E um dado interessante é que o número de faltas ao trabalho, inicialmente reduziu-se, mas está aumentando significativamente.

Uma funcionária entrevistada aparentemente tem uma explicação para isto. Diz que as funcionárias estão mais conscientes sobre os riscos que correm muita dor ou muito cansaço, para se defenderem e prevenirem os problemas mais graves que podem surgir.

Cabe citar a declaração de outra funcionária, referindo-se às colegas que sentem muita dor, "sofrem mas agüentam o máximo que puderem para não ir para o seguro" Este é temido e evitado devido aos transtornos e burocracia envolvidos e à redução nos ganhos. Isto é o que ela verbaliza, mas percebe-se que existe também um receio maior quanto ao significado de se "entrar no seguro" e as mudanças inevitáveis e irreversíveis após esta experiência. A "marca do seguro", a estigmatização, é temida como um fantasma que esta sempre à espreita. Quanto à isto, outra funcionária, que foi diagnosticada como portadora de "lesão do túnel do carpo" e já passou pelo seguro, diz: A gente nunca mais é a mesma, não posso mais fazer certos movimentos, nem aqui, nem em casa, e logo fico cansada, com dor e tenho medo de piorar e não poder nem mais trabalhar. É que antes a gente não sabia que isto podia acontecer e agora pra mim não adianta mais a ginástica nem nada. O que eu posso fazer?

Mas para outros acho que ajuda a prevenir e não ficar como eu".

Ela refere-se ao antes como a etapa anterior ao seguro e à ginástica, em que recebeu informações e foi obrigada a encarar o diagnóstico, os sintomas e conseqüências, tomou consciência, infelizmente tarde, no caso dela. Demostrou muita tristeza e amargura esta mulher de 40 anos, cujos movimentos e a vida nunca mais serão os mesmos.

Nesta empresa, a ginástica é realizada nas duas modalidades: preparatória e compensatória, com intervalos de 10 minutos pela manhã e à tarde. As pausas não são descontadas do salário nem compensadas. Conforme a gerente de R.H. e também a professora de ginástica, não houve resistência significativa nem no início, nem agora, quanto à pratica da ginástica, pelo contrário, o pessoal recebeu bem a iniciativa da empresa. De acordo com depoimentos, as funcionárias percebem que a empresa está se preocupando e se interessando por elas, sem deixar de acrescentar que a empresa sabe que vai ganhar com isto também. "É para as duas partes". Afirmam.

Constatou-se que há insatisfação por parte das funcionárias cm serviço médico, no sentido de que este desvaloriza, desqualifica e ridiculariza até seus problemas e sintomas. Sentem-se desrespeitadas desestimuladas de procurar o serviço médico, o que só atrapalha os resultados da ginástica e das outras medidas adotadas pela empresa.

Uma funcionária referiu que a médica lhe prescreveu um exame que é muito caro devido ás dores que sente, mas ela não tem condições de pagá-lo e por isto não fez. Continua com o problema e diz: "O serviço médico não leva a gente a sério".

Finalmente, a gerente de R.H. questiona-se quanto à Ginástica Laboral funcionar apenas no início e depois tornar-se "mais uma atribulação para o pessoal" e refere que "falta alguma coisa". Acha que os resultados da ginástica poderiam ser melhores, mas não sabe o que é, talvez um cuidado com "o lado emocional das pessoas não esteja sendo atendido ou algo neste sentido".

EMPRESA "D"

Caracteriza-se por ser uma empresa de grande porte, do ramo metal-mecânico, fabricante de componentes automotivos. Possui. Atualmente 670 funcionários. Adota a Gestão da Qualidade Total há dez anos e aguardava a certificação ISO 9000 para julho de 1995.

Iniciaram a experiência da Ginástica Laboral em dezembro de 1994 motivados pelo alto índice de lombalgias, outras doenças ocupacionais e afastamentos decorrentes. Já haviam tido uma experiência anterior, em 1992, com a coordenação do SESI e não deu certo, pela falta de estrutura deste órgão, na época, para atender às necessidades da empresa. Neste caso, o enfoque era mais voltado para a motivação.

Segundo a assistente social que coordena o projeto, a empresa esta consciente de que melhorar a qualidade de vida é fundamental para melhorar a qualidade do produto, pois é isto que dá a competitividade hoje e não mais a quantidade. Ela refere que a preparação para receber o ISO 9000 também veio acelerar o processo de adoção da Ginástica

Laboral associado a um estudo de ergonomia que já está sendo realizado. Acrescentou ainda a seguinte análise sobre a iniciativa da empresa: "As empresas estão se dando conta de que não adianta mais tratar as pessoas depois instalado, devido as graves conseqüências, inclusive financeiras. Perceberam que as máquinas e as condições de trabalho é que têm que ser adaptadas às pessoas, pois não existe mais controle de qualidade, este controle está nelas. Estão, só resta investir nas pessoas".

Essa assistente social conhece bem a realidade, pois trabalhou anteriormente na empresa "A", que já adotava a ginástica há mais tempo. Ela acrescenta que as pessoas que sofrem uma doença ocupacional como a tendinite e são afastadas são "estigmatizada" quando retornam, pois não podem exercer normalmente as antigas funções. E ao serem enviadas para funções "quebra-galho" ou menos importantes, tomam consciência do prejuízo que sofreram naquela empresa e atividade. Decidem se proteger de um desligamento usando a doença, resolvem se aposentar ali e jogam com a doença. Ganham estabilidade de um ano após um afastamento e ficam jogando com isto. A empresa sofre prejuízos, pois a pessoa não produz mais como antes e tem que ser mantida.

Mas o problema é que as empresas não se preocupam com os aspectos psicológicos ou emocionais. Em última instância, a preocupação continua sendo o lucro. O que ocorre é que elas perceberam que para Ter competitividade precisam agir preventivamente.

Complementando esta opinião, o doutor Hudson Couto, por ocasião de sua visita a essa empresa, afirmou ao ser questionado: "Tanto a questão da competitividade quanto da crescente conscientização de empresários e trabalhadores têm contribuído para a adoção de medidas ergonômicas e da Ginástica laboral. Mas, num primeiro momento, não é a competitividade que determina esta iniciativa, mas sim os altos índices de L.E.R. e de doenças ocupacionais. A partir disso", diz ele, "os empresários começam a observar que os efeitos incluem o aumento da produtividade e passam a valorizar mais ainda estas prática" (06/04/95). A empresa está adotando a Ginástica Laboral Preparatória e também a Compensatória. As pausas não são descontadas, nem compensadas. Iniciaram com um grupo piloto de 30 pessoas em uma das fábricas onde o setor médico apontou o maior índice de problemas. Esta experiência durou três meses e depois passaram para outros setores. A resistência dos funcionários até o momento foi mínima, só uma pessoa manifestou não gostar de ginástica.

Conforme o gerente administrativo, que assume também Recursos Humanos, as razões para adotar a ginástica pela Segunda vez são: alto índice de doenças ocupacionais e de afastamentos longos do trabalhador e os conseqüentes reflexos em termos de custos e produtividade; melhorar a qualidade de vida dos funcionários, o que faz parte da qualidade total. Diz que a empresa resolveu adotar a postura preventiva e pró-ativa. O próximo passo deverá ser a ergonomia e a intenção é estender a ginástica gradualmente para toda a empresa. Até agora, 20% dos funcionários estão sendo atingidos, ou seja, oitenta pessoas.

Quanto aos resultados, ele refere que, por enquanto, observaram redução dos casos de doenças ocupacionais e aguardam com expectativa novos dados que conforme se o investimento está valendo a pena.

Ele não participa da ginástica com os funcionários, mas diz que pretendo fazer isto. Ao ser perguntado sobre o significado da Ginástica Laboral, fez a seguinte declaração: "É uma preocupação com qualidade de vida, saber que um terço das pessoas trabalha sempre com dor e que o trabalho aqui da empresa deforma as pessoas é duro e precisa ser encarado de frente. Faz parte do papel social da empresa".

Ele afirmou dizendo que ainda não estão entusiasmados com a experiência da ginástica, aguardam novos resultados. Talvez esta postura tenha muito a ver com o fato de já terem passado por uma experiência anteriormente que fracassou. Segundo a professora de ginástica, que trabalha com o pessoal da fábrica, alguns demostraram esta mesma postura inicialmente, manifestando receio e dúvida quanto ao sucesso da ginástica desta vez. As etapas seguidas para a implantação foram as mesmas adotadas pelas outras empresas atendidas pela Michielin.

O médico desta empresa afirmou que a prática da Ginástica Laboral já reduziu em 40% a 50% a procura do ambulatório devido a lombalgias e outras dores. Segundo ele, "as pessoas estão se cuidando mais e, quando têm alguma dor, elas mesmas se tratam através de exercícios (relaxamentos, alongamentos) e não correm mais para consultar". Este médico acredita que "embora o principal motivo para adoção da ginástica pelas empresas continuem sendo a busca da maior produtividade, está havendo uma conscientização das mesma". A ênfase continua sendo curativa, mas a tendência é passar a ser preventiva, pois o sindicato está mais atuante e os trabalhadores cais conscientes quanto às L.E.R. (lesões por esforços repetitivos), à "epidemia de tendinites", assim como stress provocado por ritmo e horas extras excessivas. Além disto, a legislação mudou e obriga as empresas a registrarem com detalhes e rigor todos os casos. Conforme o médico, desse modo de Ginástica Laboral é uma oportunidade de atuação no nível da saúde do trabalhador, vindo ao encontro das preocupações dos sindicatos, da previdência, da medicina, das pessoas, enfim de todos. Ele acha que "a Ginástica Laboral deveria ser obrigatória por dissídio".

No contato com os funcionários, observou-se uma atitude positiva de aceitação expectativa.

EMPRESA "E"

Caracteriza-se por ser uma empresa do ramo calçadista, fundado a 37 anos e hoje com 7.500 funcionários. Atende ao mercado interno e externo e adora a Gestão da Qualidade há muitos anos. A sua administração é marcada por uma visão holística do indivíduo, da empresa, do mercado e da sociedade global. Sal filosofia é: "Trabalhar com visão de crescimento, sendo justo, honesto e humilde". A empresa adota a política da participação nos lucros e de possibilitar aos funcionários mais destacados que participem do seu capital.

Hoje, são 25 sócios, dos quais apenas dois não foram funcionários da empresa.

Está localizada próxima a uma grande capital.

Nesta empresa, a história da Ginástica Laboral começou de forma um pouco diferente. A professora e coordenadora do programa aliou sua paixão pelo assunto à experiência adquirida em uma empresa paulista e procurou a empresa. "E porque achou que esta poderia ser receptiva à idéia. Estava certa, pois adotaram a ginástica iniciando pela área administrativa, em 1991, devido ao melhor nível de informação dos funcionários e à facilidade de aceitação por parte da diretoria. Como não era área fim e não precisava para a produção ficava mais fácil para implantar uma idéia "nova". Ela comenta que naquela época teria sido difícil começar pela produção. Hoje, com o nível de consciência existente por parte da direção e dos funcionários, já seria diferente.

A implantação da ginástica na produção iniciou em janeiro de 1994, tendo sido feito um programa de preparo anterior, que, incluindo palestras e vídeos, visou sensibilizar as pessoas e conscientizá-las sobre a necessidade e importância do tema. A professora coordena todo o trabalho ligado à ginástica, mas conta com auxílio de equipe multidisciplinar que inclui técnicos e psicólogos. Ela salienta que se o processo de preparação, conscientização e implantação não for bem feito, sólido e consciente, os resultados e a manutenção do programa não serão duradouros. Por isto, justifica o fato de não trabalhar ainda com monitores, tendo apenas um auxiliar. Somente quando houver uma consolidação e boa assimilação da Ginástica Laboral pela cultura da empresa, haverá multiplicadores.

Quanto ao significado da Ginástica Laboral, ela expressa-se assim: "É a qualidade que sai do papel e vai para a gráfica. É uma forma de contribuir para a qualidade de vida das pessoa, como um todo, extensiva a familiares e comunidade. É um momento só deles, para se soltarem, relaxarem, descontraírem. A postura, a atitude e o relacionamento deles mudam nitidamente." Visam oportunizar que sintam a falta ou a necessidade da atividade. Somente a ginástica compensatória é adotada.

Conforme contato com funcionários, alguns demostraram Ter grande expectativa, durante o trabalho, de que chegue a hora da ginástica.

O assessor de Recursos Humanos de presidência explicou que a adoção da ginástica deu-se em função da filosofia e missão da empresa e, principalmente, de sua consciência e responsabilidade quanto a estes valores assumidos. Considera a ginástica como mais um entre os vários instrumentos ou todos: empresa, funcionários e clientes. Assim, embora seja adotada a Gestão da Qualidade, a ginástica não surgiu daí mas de algo bem mais amplo, que é a filosofia da empresa.

Ele fez questão de enfatizar o papel social das empresas e a urgência de investir em educação e em fazer pensar os funcionários, como único caminho para sobreviver e virar o século.

Em relação aos resultados da Ginástica Labora, referiu que "o que importa para a empresa é que as pessoas sintam-se melhor, vivendo melhor e isto nos dá a certeza de que ele produzirá melhor, mas não estamos preocupados com resultados quantificáveis". Ele acredita que a produtividade é pouco influenciada pela ginástica, mas que o bem-estar das pessoas aumenta muito, pois é uma atividade que dá prazer, a prova é que os setores que fazem a ginástica não querem perde-la, de modo algum. "É preciso abrir espaço para o prazer e a satisfação no trabalho". Acha que o maior e melhor indicador de resultados é a manifestação das pessoas, o seu depoimento. O objetivo da empresa com a Ginástica Laboral é contribuir para com a qualidade de vida de seus funcionários e comunidade. "É preciso agir no sentido de humanização dos seres humanos", diz ele.

A empresa não trabalha com esteira há mais de três anos e, recentemente, começou a fazer uma preparação das pessoas para passar o trabalho feito sentado a ser feito em pé, de acordo, inclusive, com estudos ergonômicos.

Nos depoimentos de funcionários, percebeu-se a satisfação com a iniciativa da ginástica no sentido de estar sempre se preocupando com eles e com sua qualidade de vida. Mas foi possível detectar um constante estado de tensão em algumas pessoas no ambiente. O ritmo é bastante intenso. Não conseguiu se obter dados ou informações sobre o índice de acidentes de trabalho, doenças ocupacionais ou outros. A empresa manifestou preocupação com a aplicação do instrumento de pesquisa aos seus funcionários e pediu para não ser identificada, conforme o gerente de R.H.

De acordo com o depoimento de uma supervisora de produção, cujo setor iniciou a ginástica em março de 1995, o pessoal gosta muito de praticá-la, pois quebra o ritmo e volta-se com mais ânimo para o trabalho. Diminuíram os erros, tornaram-se mais cuidadosos, melhorando a qualidade e a produtividade, diz ela.

Pessoalmente, a supervisora refere que a ginástica dá mais ânimo par continuar o trabalho, que é repetitivo e monótono. Aumenta a agilidade e deixa-a mais ativa, chegando em caso com mais disposição e vontade de fazer as coisas. Sua auto-estima aumentou pois "é um tempo só para mim, para me cuidar, do corpo e da mente, é uma terapia!" Achou boa iniciativa da empresa e acredita que ela está visando aumentar a produtividade e a qualidade.

Constataram-se nesta empresa muitas barreiras e dificuldade para se entrevistar os funcionários, especialmente os da produção, talvez pelo ritmo intenso e acelerado.

Embora não se tenha os índices de doenças ocupacionais e acidentes de trabalho, as doenças e problemas como lombalgias, e tendinites existem, porém até agora o tratamento tem sido só laboral. No momento, com a contratação de um novo médico do trabalho, formado também em educação física, preparam-se para iniciar um trabalho de prevenção. E quando á ginástica preparatória, há planos de propor a sua prática duas vezes por semana para os funcionários.

EMPRESA "F"

É uma empresa pertencente ao ramo de comunicações e industrial gráfico, situada em Porto Alegre. Possui. 1.200 funcionários e faz parte de um grupo empresarial com mais de 4.500 funcionários no total. É uma tradicional e conceituada empresa gaúcha, familiar e de capital nacional. Desde 1992, vem implantando a Gestão Qualidade Total e a fase atual é de ênfase em educação e treinamento.

A empresa adotou a prática da Ginástica Laboral em primeiro lugar, devido aos altos índices de tenossinovites, dores, afastamento por doenças, torções e lesões no pescoço. Em segundo lugar, devido a uma forte campanha de prevenção de acidentes e, em terceiro, pela preocupação com a melhoria da qualidade de vida do pessoal, conforme expôs o diretor Industrial. Foi criado um comitê de segurança formado por uma equipe de multidisciplinar, no final de 1992, que investiu inicialmente num programa de cuidados com problemas auditivos. Posteriormente, um membro da equipe ouviu falar da Ginástica laboral e foi "investigar", conheceu a experiência de outras empresas e trouxe as informações.

O comitê fez a proposta em função dos problemas citados e ela foi aceita.

A implantação se iniciou pelo setor de digitação, por ser o mais crítico em lesões e com um clima muito ruim, falta de integração e dificuldade de relacionamento. A data de início foi abril de 1994 e a empresa contratada para prestar os serviços foi a Holística, dos professores Ricardo Pinto e Luis Fernando. O setor tem 25 funcionários.

Conforme o professor de ginástica Ricardo, no início, houve alguma resistência por ser algo novo, vergonha de expor o corpo ou por não gostar de ginástica. "Mas, como a participação é livre e procuramos fazer um bom trabalho de conquista do pessoal, já houve mudança significativa." O ambiente do setor melhorou muito e os conflitos com chefias e colegas diminuíram. Ele explica que a idéia é ir expandindo aos poucos a ginástica. Os dez minutos não são descontados nem compensados. Não existem, ainda, indicadores quantificáveis mas há interesse em desenvolvê-los, se for possível. Ele acrescenta que é possível notar que o pessoal está trabalhado mais calmo, melhorou o relacionamento, a integração, há mais trocas entre as pessoas.

O professor Ricardo referiu que o índice de afastamento por doenças ocupacionais pode ser visto de duas maneiras: por um lado, reduziram-se os casos e aliviaram-se os sintomas, mas por outro, eles aumentaram porque passou-se a fazer o diagnósticos dos casos que antes não eram identificados. Esta observação também foi feita pelo médico do trabalho, que acrescentou o fato dos próprios funcionários estarem se conscientizando e procurando mais o atendimento médico. Assim o que ocorre é que o professor de ginástica "drena os casos para o setor médico".

Outra referência feita pelo professor é de que o pessoal mascara muito seus problemas e sintomas, tais como a tendinite, com receio de ser afastado do trabalho. Isto é confirmado pelos depoimentos de vários funcionários que contam sobre quando agüentam a dor e sofrem para não serem afastados de jeito nenhum.

Após cada período de implantação em um setor, que dura três meses, os professores fazem uma reunião para apresentar a experiência em andamento e seus primeiros resultados. Participam dela o gerente de R.H., o diretor industrial, o engenheiro de segurança e outras pessoas convidadas que estão ou poderão estar envolvidas no programa. Os professores mostram através de lâminas e vídeo os passos do trabalhador que são : questionário de avaliação para o público alvo; avaliação ergonômica, que também utiliza um questionário para avaliar a pessoa junto ao seu posto de trabalho, quando este não puder ser mudado, tentam mudar a pessoa quanto a sua postura, etc; início do trabalho.

O vídeo mostra as pessoas trabalhando no setor antes e depois de existir a ginástica e a ergonomia, para efeito de comparação.

No setor de manutenção, por exemplo, 60% das pessoas tinham dor, no início, e após um mês, 80% delas apresentaram melhoras. A distribuição das doenças encontradas foi 33% coluna cervical; 40% coluna lombar e, em menor proporção, problema nos ombros e joelhos.

Foi mostrado também como nos encontros para a ginástica, cria-se a oportunidade para conversarem com os professores quanto as condições do ambiente físico e outras. Na conscientização, o pessoal (funcionários) também assiste aos vídeos, mostrados na reunião, para avaliarem a si mesmo e visualizar sua próprias mudanças de atitudes e postura. Os funcionários são ouvidos e trazem sugestões para os professores quanto às mudanças necessárias e este as levam para a empresa. São utilizadas técnicas de relaxamento, massoterapia e música aliadas à ginástica preparatória, com duração de 10 minutos, que não são descontados nem compensados.

Atualmente, são três setores atingidos pela ginástica e a intenção da empresa é estendê-la a toda a empresa e até as outras empresas do grupo. O setor de manutenção mecânica e elétrica foi o segundo a praticar a ginástica, tendo iniciado em agosto de 1994, com 34 pessoas. Já o setor de teleanúncios, foi o terceiro, com 40 pessoas envolvidas no processo. Neste setor diferentemente dos outros, constatou-se uma obrigatoriedade de participação estabelecida por conta da chefia. Ficou evidente, pelos depoimentos e clima, que o pessoal sente-se contrariado em fazer a ginástica, mesmo que goste dela. Mas devido à imposição, resistem e "nem faz efeito ou faz o efeito contrário", disse um funcionário.

Neste setor, a implantação foi feita em outubro de 1994. O ambiente é extremamente competitivo, trabalham com computadores, atende, clientes e são condicionados. O nível de cansaço e estresse é o mais alto. A supervisora não participa da atividade com os funcionários sob alegação de que não tem tempo. Afirma que não é obrigatória a participação e diz que os motivos para adotar a ginástica em seu setor foram: as queixas de dores localizadas e ameaças de tendinite, leituras sobre qualidade de vida no trabalho e produtividade e, finalmente, as condições extenuantes do setor. Ela ressalta que, há quatro anos, houve muitos casos graves de tendinite, com afastamento definitivo de seis pessoas daí a preocupação.

Ela conta que o pessoal resistiu fortemente, no início, quanto a ter que parar de vender para fazer ginástica. Foram feitas reuniões informativa, conversas individualizadas e a aceitação aumentou. Hoje, a resistência é mínima. Elogiou o trabalho dos professores, principalmente quanto à postura profissional e ótima capacidade de relacionamento.

Praticam todos os dias a ginástica preparatória. Quanto aos resultados, revela que são muitos: aumento a integração; pararam as dores localizadas; melhorou o humor; há maior receptividade no trato com os clientes; houve melhoria nas condições de trabalho devido à ergonomia; as pessoas sentem que a empresa se preocupa com elas; reduziam-se as consultas médicas devido às doenças ocupacionais; aumentou a produtividade; embora não saiba dizer o quanto. Ela acredita que a iniciativa da empresa deve-se à consciência do valor da ginástica dentro de uma visão ampla de futuro e de gestão e acha que veio para ficar. A empresa quer ser a melhor e, neste sentido, a mentalidade dos gestores influi muito, assim como a movimentação e solicitação do pessoal também pesa. Para ela, "a ginástica significa qualidade, o indivíduo precisa-se sentir trabalhando com qualidade, do contrário compromete o todo. As pessoas trocam de empresa até por um salário menor, se for para ter melhores condições de trabalho e ambiente".

Conforme a engenharia de segurança, os resultados com a ginástica são: maior integração, aumento da preocupação consigo mesmo e cuidados com a saúde, melhoria de relacionamento.

Segundo o médico do trabalho, a aceitação do pessoal está sendo positiva e qualitativamente dá resultados, as pessoas referem satisfação e expectativa boa quanto à prática da ginástica. Avalia que os principais objetivos e benefícios da ginástica têm sido: adaptar a pessoa para a carga de trabalho exigida, quebrar o ritmo monótono e repetitivo do trabalho, prevenir e identificar casos de doenças ocupacionais, criar oportunidade de integração e encontro das pessoas. Afirmar que há aumento de produtividade e argumenta: "Com melhorias como a ginástica, a ergonomia e o ambiente, só pode aumentar a produtividade". Ele refere que uma prova disto são as pessoas que haviam sido afastadas de um setor, por tendinites e outros problemas, para outros setores e agora estão pedindo para voltar pois ouviram falar das melhorias.

O diretor industrial desta empresa admite com total clareza que há um ano, quando iniciaram a implantação da ginástica, a visão era realmente baseada na concepção homem-máquina e os objetivos eram reduzidos os altos índices de acidentes do trabalho, de tenossiovites, dores e afastamentos por doenças ocupacionais. Mas houve uma modificação nesta visão, a partir do excelente trabalho realizado pelos professores de ginástica e dos resultados obtidos, muitos além daqueles esperados. "Estes profissionais nos mostraram que outros resultados podemos alcançar vendo o ser humano de forma mais completa e integrada, como unidade bio-psico-espiritual. Nós, com certeza ganhamos coisas que não esperávamos, foi surpreendentes".

Este diretor é um entusiasta da ginástica na empresa e revelou-se encantado com os resultados quanto à mudança de clima, aumento da integração, melhor relacionamento entre as pessoas com redução de conflito; além disso, a relação com a empresa também ficou mais positiva e próxima. Também o fato de a ginástica aliar-se a medidas ergonômicas, trouxe sensível aperfeiçoamento para as condições de trabalho tanto na área industrial quanto na digitação. "As pessoas estão se sentindo mais valorizadas e respeitadas e, assim sua satisfação aumentou", diz ele.

Mas na opinião do gerente de R.H.: "infelizmente as mudanças nas empresas e a adoção de ferramentas como a Ginástica Laboral têm sido empurradas pelo mercado. As empresas foram atropeladas pela competitividade e uma série de imposições". E quanto a estar havendo uma ampliação do nível de consciência das mesmas em relação aos conceitos modernos de qualidade e preocupação com o indivíduo como um todo, acredita que "há muitos mais discurso do que consciência".

Ela acredita que a tendência é a Ginástica Laboral crescer e se expandir devido aos seus resultados, principalmente quanto à integração e ao relacionamento interpessoal, mas "até tornar-se parte da cultura da empresa, ainda levará tempo, pois é um processo longo".

EMPRESA "G"

Caracteriza-se por ser uma empresa do ramo metal-mecânico, multinacional, privada, com 1.282 funcionários. Conceituada e reconhecida por seus padrões de qualidade e administração de vanguarda.

O seu negócio e produzir sistemas e componentes para o mercado da mobilidade e de equipamentos industriais. Sua missão é oferecer esses sistemas e componentes a esses mercados, inclusive de reposição com qualidade total e competitividade que exceda as expectativas dos clientes, funcionários, acionistas e comunidade. Sua filosofia: valores como integridade, respeito aso indivíduos, qualidade total em tudo sempre, resultados com garantia de sucesso, responsabilidade com autoridade, incentivo à comunicação e cria atividade, satisfação total dos clientes. Localizada em Porto Alegre.

Adota a gestão da qualidade total, e possui certificado ISSO 9000.

A experiência com a ginástica iniciou em junho de 1993, a partir da Área de Recursos Humanos da empresa e antes de ter surgido o Programa Qualidade de vida, no qual, recentemente, a Ginástica Laboral foi incluída. Os motivos para adotá-la foram a necessidade de reduzir o estresses na fábrica e o índices de doenças profissionais.

Desde a fase inicial até hoje já houve mudanças e evolução. Por exemplo, começaram impondo a participação na ginástica e não funcionou bem. Agora é começaram impondo a participação na ginástica e não funcionou bem. Agora é espontânea e funciona muito melhor, "o pessoal não resiste", conforme relata a engenheira de segurança.

Ela salienta que empatia dos profissionais na relação com os funcionários é fundamental para o sucesso do programa. Se o relacionamento é positivo, isto ajuda a relaxar e cria condições favoráveis ao alcance dos melhores resultados positivo, isto ajuda a relaxar e cria condições favoráveis ao alcance dos melhores resultados possíveis.

Realizam a ginástica preparatória e/ou compensatória, dependendo do setor, com duração de 10 minutos, no próprio local de trabalho ou no pátio, quando o clima permite.

A partir de outubro de 1994, trocaram os profissionais que orientavam a ginástica e partiram algumas mudanças, acharam que só a Ginástica Laboral não resolvia os problemas. Contrataram uma médica fisiatra para fazer análise ergonômica e estenderam o tempo de duração da ginástica para os casos críticos que estão necessitando de reeducação postural. Estão avaliando a possibilidade de criar uma ginástica compensatória com duração de uma hora, após o expediente, também para aqueles casos considerados críticos e para quem mais se interessar. Pretendem continuar a fazer a ginástica compensatória e/ou preparatória como forma de aliviar as tensões e o estresse do pessoal. Estas iniciativas farão parte de um novo programa mais completo e já discutido pela equipe multidisciplinar, composta por médica do trabalho, engenheira de segurança, técnica de se segurança da unidade, chefe da unidade de produção, engenheiro industrial, um funcionário representante da área. O programa deve entrar em vigor e será avaliado após três meses de experiência.

Além disto, criou-se um grupo de ergonomia que conta com assessoria externa para orientação, cursos e preparação do grupo. Os resultados da Ginástica Laboral, até o momento, são: redução da pressão, tensão, irritabilidade e estresse. Não há indicadores isolados que estejam sendo avaliados em relação à ginástica.

A engenheira salientou que os supervisores resistem muito a pratica a atividade com os funcionários. Poucos fazem e só são entusiasta da idéia. E de acordo com sua avaliação, a ginástica é só uma medida antiestresse e não chega a prevenir doenças, pois o tempo é muito curto, não chegando a fortalecer os músculos. Ela acha que é superficial e não acaba com os problemas dos postos de trabalho.

Nesta empresa, foi muito difícil conseguir manter um contato com a gerência de R.H., pela peculiaridades de horário e ritmo intenso. Houve muita abertura e receptividade no sentido de liberar os funcionários da produção.

Este foram entrevistados nos próprios postos de trabalho, utilizando-se todos os equipamentos de segurança recomendados: óculos, sapatos especiais e tampão para ouvidos. Foi uma situação bastante peculiar e rica em experiências.

Pôde-se observar que há um ótimo nível de conscientização quanto a higiene e normas de segurança. Os funcionários praticantes da ginástica são entusiasmados em geral e só se queixam com unanimidade do fato de que nem todos os colegas e as chefias participam. Eles não entendem como os outros não percebem os benefícios e acham que a empresa deveria investir bem mais na conscientização do pessoal.

Alguns valorizam tanto e são convictos desse resultados que afirmam, categoricamente, que os erros e acidentes do seu setor só ocorrem com os que não fazem a ginástica.

ANÁLISE E DISCUSSÃO DOS RESULTADOS

Quadro 1.
Distribuição de freqüência das empresas que participaram da amostra.

Empresas	Freqüência	%
A	08	9,0
B	12	13,5
C	18	20,2
D	13	14,6
E	09	10,1
F	16	18,0
G	13	14,6
Total	89	100,0

O quadro 1 demostra que a participação das empresas foi equilibrada, sendo que a receptividade e interesse em participar do estudo ficaram bastante evidentes. Só para exemplificar, uma das empresas chegou a propor que se entrevistassem todos os funcionários praticantes da ginástica, uma outra propôs que se estudassem mais a fundo determinados setores. No entanto, o trabalho de investigação junto às áreas de produção é lento e sofre constantes interrupções ou pausas forçadas. As razões são técnicas ou de metas altas a serem cumpridas que impedem o afastamento dos trabalhadores, mesmo que seja por 25 a 30 minutos. Apesar destas dificuldades, conseguiu-se entrevistar 89 pessoas.

As empresas estão muito interessadas em saber o que os funcionários estão pensando e em que direção os resultados apontam. Inclusive, vários dirigentes e técnicos consideram que, embora seja interessante buscarem-se indicadores dados pelas resposta dos trabalhadores, o seu próprio testemunho. Estas empresas colocaram como condição para abrirem suas portas um retorno sobre os resultados e considerações do estudo, sendo que algumas sugeriram uma análise particularizada de seus estudos.

À medida que as visitas e entrevistas nas empresas iam ocorrendo, foi possível compreender melhor o interesse e a receptividade das mesmas. Ficou evidente que todas estão preocupadas em manter ou reforçar uma imagem de empresas modernas, "de ponta", quanto à Gestão de Recursos Humanos. E, estando altíssimos os índices de doenças ocupacionais de afastamentos decorrentes, isto afeta profundamente sua qualidade, produtividade, imagem e os investimentos estão valendo a pena. Desejam também conhecer a experiência das outras empresas, visando, talvez, o benchmarketing.

Em dois casos, no entanto, esta abertura à pesquisa revelou-se contraditória, uma vez que no momento em que foi preciso entrevistar pessoas da área de produção, surgiram dificuldades e ouviram-se alegações do tipo: "Está difícil tira o pessoal, pois estamos com um problema numa máquina..." ou "preocupa-nos a imagem de nossa empresa e aquilo que vai aparecer, quanto à satisfação..." ou, ainda, "hoje está difícil, estamos num ritmo terrível". O mais impressionante é que estas empresas possuem uma forte imagem de "vanguarda em administração". É evidente o receio de que apareça a gravidade dos problemas de saúde e a dura realidade do mundo dos trabalhadores.

Entre os diversos setores ou departamentos envolvidos na amostra, o setor de montagem teve a participação mais significativa, com 32 pessoas ou 36% da amostra, conforme anexo II, quadro 1. Isto pode ser entendido facilmente, já que este é o setor que em geral apresenta a maior incidência de problemas e doenças ocupacionais. Exatamente por isto, várias empresas iniciaram sua experiência nele.

Os problemas neste setor são ainda mais agravados quando existe a esteira na linha de montagem, realidade observada em uma das empresas pesquisadas. Conforme uma de suas funcionárias, com papel de liderança em sua equipe: "A esteira é uma violência contra a gente, ela não respeita o ritmo das pessoas. Além disto, a polivalência exigida de uma hora para outra é uma mudança drástica, tendo-se que aprender 47 operações diferentes, para o que seriam necessários três meses para adquirir prática, só que o resultado é exigido na hora!" Neste sentido, ela entende que a empresa não respeita as pessoas, nem seus limites. Tal situação é, além de violenta, fonte de ansiedade permanente, como diz Dejours: "A situação do trabalhador por produção é completamente impregnada pelo risco de não acompanhar o ritmo imposto e de perder o trem".

Os trabalhadores entrevistados pertencem, em sua maioria, ou seja 41,6%, ao cargo de operador, em segundo lugar vêm os montadores, com 16,9%, e, em terceiro, os auxiliares, com 13,5%, todos ligados a atividades industriais. A seguir pode-se citar os digitadores, que aliados aos vendedores, pois estes trabalham com digitação, compõem 12,3% da amostra, de acordo com o quadro a seguir.

Quadro 2.

Cargo	Freqüência	%
Gerente Qualidade	1	1,1
Operador	37	41,6
Gerente Produção	1	1,1
Montador	15	16,9
Digitador	5	5,6
Chefe	5	5,6
Mecânico	7	7,9
Vendedor	6	6,7
Auxiliar	12	13,5
Total	89	100,0

A maioria destes trabalhadores, ou seja, 87,6%, concentra suas atividade no turno do dia e pode ser considerada jovem quanto à faixa etária, visto que 73,3% situam-se as faixas "15 a 20" e "31 a 35" anos, conforme anexo III, quadros 2 e 3. E quando ao sexo, 46,1% dos entrevistados pertencem ao sexo feminino e 53,9% ao sexo masculino. Em termos de escolaridade, 53,9% possuem 2º grau incompleto ou completo, 30,4% possuem nível de 1º grau e apenas 15,8% nível superior completo ou incompleto. É relevante considerar o fato de que as empresas que adotam a G. L.[18] apresentam nível de instrução de seus funcionários elevado, considerando-se os índices de analfabetismo do país. A tendência é de que este nível melhore ainda mais, pois nas empresa em questão observou-se um processo de inventivo e subsídio aos estudos dos funcionários. Além disto, adotam Programas de Qualidade e estilo de Gestão de R.H. avançado.

Isto é interessante do ponto de vista da Ginástica Laboral, assim como de qualquer medida ligada à saúde. Quanto mais informados e conscientes estiverem os participantes, maior é a probabilidade de se tornarem motivados para a prática. Conseqüentemente, maiores serão as chances de se alcançar os benefícios que a G.L. pode trazer para o indivíduo em sua totalidade para os grupos e organizações. Quanto a isto, Bege ressalta a importância da motivação e do interesse, pois "só assim o exercício torna-se a expressão da procura de um acordo total, de uma nova maneira de viver o corpo sem separá-lo da mente" (1988, p. 11).

Quanto a permanência das pessoas nas empresas, pode-se constatar, conforme o quadro a seguir, que uma parcela significativa, 42,7%, permanece por no máximo cinco anos nas empresas. Existindo, portanto, uma lata rotatividade de funcionários nas empresas estudadas.

18 - *G.L. = Ginástica Laboral*

Quadro 3.
Distribuição de freqüência dos entrevistados segundo o tempo de empresa.

Cargo	Freqüência	%
Menos de 1	08	9,0
1 a 5	38	42,7
6 a 10	29	32,6
11 a 15	11	12,4
Mais de 15	03	3,4
Total	89	100,0

Embora não tenha sido objeto de estudo a rotatividade dos funcionários, cabe salientar que em pelo menos uma empresa ficou evidente a relação entre os desligamentos freqüentes dos trabalhadores devido às condições e ritmo de trabalho e ao medo de ficar doente. Medo este provocado pela confrontação com vários casos de colegas sofrendo de tendinite e outros problemas. Muitas funcionárias, neste caso, queixaram-se do desgastes devido à sobrecarga de trabalho causada pela rotatividade.

Tudo indica que a Ginástica Laboral contribui para reduzir esta movimentação de pessoal, desde que seja dado o tempo necessário para a conscientização e constatação dos resultados por partes dos trabalhadores e das empresas.

Na empresa referida, estava ocorrendo um fato interessante: a rotatividade e o absenteísmo estavam aumentado após os primeiros meses de ginástica. Segundo as próprias funcionárias, a explicação é que o pessoal tomou consciência dos riscos e da gravidade das conseqüência dos riscos e da gravidade das conseqüências e passou a se cuidar mais. Ao invés de insistir em trabalhar com dor, faltam ou pedem demissão, se o receio cresce. Segundo o que se observou inclusive nas outras empresas, isto faz sentido e constitui-se em uma reação inicial. O susto através da tomada de consciência leva a esta reação inicial. O susto através da tomada de consciência leva a esta reação. Mas, passado este momento inicial, a rotatividade diminui, segundo os entrevistados. Eles passam a trabalhar sentindo-se mais dispostos e com a sensação de maior segurança, pois estão conscientes, mais cuidadosos e precavidos. Além disso, nas empresas que adotam a ergonomia, as condições de trabalho melhoradas também contribuem para isto.

Ao analisarmos a percepção dos trabalhadores quanto às suas próprias condições de saúde, antes e depois de haverem iniciado a prática da G.L., considerando-se alguns fatores sinalizadores de estresse, fadiga e outras doenças, inclusive ocupacionais, observou-se que as médias de todos os fatores diminuíram depois do início da G.L., exceto a motivação. A freqüência com que estes fatores eram sentidos pelos entrevistados foi reduzida sob influência da ginástica, segundo o próprio depoimento deles. Assim, houve melhora nas suas condições gerais de saúde, física e mental.

Quadro 4.
Distribuição das médias dos conceitos atribuídos pelos entrevistados a SAÚDE PESSOAL (corpo-mente). Antes e Depois da G.L., segundo a escala: 1 = nunca; 2 = raramente; 3 = às vezes; 4 = freqüentemente; 5 = muito freqüente.

VARIÁVEIS	Antes da GL (média)	Depois da GL (média)
Dor nas costas	2,47	1,73
Dor nos ombros e pescoço	2,47	1,79
Medo ou preocupação acentuada com algo não identificado	2,12	2,05
Desânimo	2,03	1,83

VARIÁVEIS	Antes da GL (média)	Depois da GL (média)
Falta de disposição para fazer qualquer coisa	1,75	1,59
Insônia	1,80	1,58
Sonolência	1,98	1,70
Facilidade para se irritar com pequenas coisas	1,96	1,79
Dor de cabeça	2,03	1,82
Dor nos membros inferiores	2,33	1,77
Dor nos membros superiores	2,59	1,83
Depois de ter dormido acorda cansado	2,07	1,84
Temor no corpo	1,22	1,14
Preocupação excessiva com coisas sem importância	1,78	1,61
Diarréia	1,22	1,19
Imaginação de situações ruins, negativas	2,00	1,73
Sensação de esta paralisado	1,59	1,53
Dor no estômago	2,00	1,69
Não conseguir para de pensar me coisas negativas	1,31	1,27
Azia, ardência no estômago	1,69	1,55
Motivação para o trabalho	3,36	4,25
Muita tristeza, com sensação de vazio e falta de sentido	1,49	1,40
MÉDIA GERAL	1,97	1,75

Embora saiba-se da existência de outras variáveis intervenientes no processo, interessou-nos aqui identificar se as pessoas percebem relação entre a G.L. e as alterações dos referidos fatores ou não e em que medida. É importante observar que a motivação aumentou significativamente, conforme os entrevistados. Havendo aí uma reação interessante a comentar. A motivação, entendida como vontade de fazer as coisas, mesmo antes da G.L., não revelou um resultado muito baixo, embora tenha se percebido que na realidade este fator estava bem mais rebaixado do que as resposta diziam nas entrelinhas. Além disto, as alterações em relação a todos os outros fatores foram discretas.

Quando a esta reação ou atitude dos trabalhadores, pode-se relacioná-la com o que Dejours (1987) denomina de ideologia da vergonha, ou seja, a estratégia defensiva adotada por eles e que leva a uma proibição de falarem ou admitirem a doença, a dor, a fadiga ou o sofrimento, principalmente o sofrimento mental. Eles fogem penosamente destas ameaças que rondam permanentemente suas vidas. É como se não falando fosse possível anular a realidade. Assim, o sofrimento é intensificado pela solidão e pela total falta de apoio, pela impossibilidade da troca. Uma funcionária que sofre de tendinite e já foi afastada várias vezes do trabalho refere sentir-se "diferente" dos outros e à margem depois que voltou do seguro, não pode participar e trabalhar normalmente e sofrem com a possibilidade de ter que afasta-se novamente. Aparece aqui também a questão da estigmatização abordada por Goffman (1982).

Algumas das questões e fatores propostos no instrumento de pesquisa e relativos à percepção dos trabalhadores quanto à sua saúde pessoal, antes e depois de iniciada a prática da G.L., são apresentadas a seguir:

Quadro 5.

Distribuição de freqüência das médias dos conceitos atribuídos pelos entrevistados aos RESULTADOS OBSERVADOS no grupo Antes e Depois da G.L., segundo a escala: 1 = muitos problemas; 2 = problemático; 3 = eventualmente com problemas; 4 = raramente com problemas; 5 nenhum problema.

VARIÁVEIS	Antes de GL (média)	Depois da GL (média)
Atendimento de suas expectativas	—	4,27
Dores e sintomas físicos	2,89	3,83
Bem-estar mental	3,22	4,42
Produtividade	3,23	4,38
Ansiedade	3,02	3,73
Falta A (individual)	4,25	4,21
Falta B (grupo)	3,82	4.24
Rotatividade	2,11	4,27
Afastamento por doenças	2,92	3,81
Consultas médicas	2,85	3,76
Atrasos	4,36	4,47
Índice de erros	3,36	3,09
Disposição para o trabalho	3,17	4,37
Motivação para o trabalho	3,14	4,27
Auto-estima, auto-conceito	3,40	4,44
Relacionamento com os outros	3,51	4,37
Informações e consciência com a saúde	3,12	4,31
GERAL	3,40	3,99

Este quadro mostra as médias dos resultados das percepções dos entrevistados, num segundo momento da conversa, sendo que alguns fatores de saúde pessoal aparecem novamente. Nestes caso, eles responderam às questões referindo-se ao grupo de trabalho, o que reduziu as resistências e defesas, com certeza. Observa-se, então, que todos os fatores apresentaram uma melhora significativa depois do início da G.L. Portanto, os resultados percebidos pelos trabalhadores são claramente positivos.

Vale comentar que a rotatividade, já referida anteriormente, não deixa dúvidas sobre os efeitos da G.L.

Percebe-se que a produtividade, assim como o bem-estar mental, os afastamentos por doença, bem como a disposição para o trabalho e auto-estima, tiveram alterações bem significativas após o início da ginástica.

Conforme Rolin e Planete (1989), centenas de empresas nos Estados Unidos têm investido em programas que promovem o condicionamento físico em seus funcionários. Tais programas visam não só à melhoria e a manutenção da saúde mas também à promoção do bem-estar psicológico e da produtividade e à redução do absenteísmo, do número de funcionários no seguro e do estresse.

Além destes, eles confirmam, através de suas experiências, outros resultados e efeitos benéficos decorrentes da ginástica, entre os quais a redução da ansiedade, depressão; melhoria do bem estar e humor, ânimo e disposição, auto-estima da criatividade; melhoria de performance no trabalho e mais energia para enfrentar desafios.

A seguir, apresentam-se as médias gerais atribuídas pelos entrevistados à SAÚDE PESSOAL e aos RESULTADOS OBSERVA-DOS, tendo sido feita uma separação entre fatores considerados físicos e mentais.

Quadro 6.

Média geral atribuída pelos entrevistados Saúde Pessoal (corpomente), segunda escala: 1 = nunca; 2 = raramente; 3 = às vezes; 4 = com muita freqüência; 5 = muito freqüentemente.

SINTOMAS	Antes de GL (média)	Depois da GL (média)
Físicos	2,00	1,61
Mentais	1,94	1,85

Quadro 7.

Média geral atribuída pelos entrevistados aos Resultados Observados, segundo a escala: 1 = Muito Problema ... 5 = Nenhum Problema.

SINTOMAS	Antes de GL (média)	Depois da GL (média)
Físicos	3,56	3,74
Mentais	3,21	4,46

Chamou a atenção o fato de que as maiores alterações referem-se aos aspectos mentais e não aos físicos. Visto que a G.L. se propõe e está sendo contratada pelas empresas para tratar das condições e sintomas físicos, como predominaram os mentais? Sobre esta questão, pode-se analisar que as pessoas permanecem durante o trabalho constantemente ansiosas tensas cansadas e mantendo o controle, inclusive do medo diante dos risco, a qualquer custo, pois precisam do emprego par sobreviver. É uma relação de dependência entre as pessoas e as empresas, em que a exploração do corpo, sua submissão a tais condições, só se torna possível com "a neutralização da vida mental, através da organização do trabalho", segundo Dejours (1987). Os efeitos dessa neutralização constituem a "carga psíquica do trabalho", da qual depende a dominação do corpo, tornando dócil. Pessoas cansadas e esgotadas fisicamente ficam mais suscetíveis à alienação e, uma vez alienadas, é fácil dominar-lhes o corpo. Surge estão a somatização como conseqüência do bloqueio contínuo que a organização do trabalho – e em especial o sistema taylorista – pode provocar no funcionamento mental.

Conforme Marty (in silva, 1994) as condições de trabalho podem pressionar e romper o equilíbrio do sistema funcional psicossomático. Para evitar isto, é indispensável que haja flexibilidade e a abertura de um "espaço de liberdade" que satisfaça as necessidade psicossomáticas. Portanto, quanto mais rígida a organização do trabalho, mais prejuízos acarretará à economia psicossomática individual (op. cit., 1987).

Baseando-se em tais considerações, pose-se compreender que a Ginástica Laboral está suprindo, ao menos em parte, esta necessidade de um "espaço de liberdade", de uma quebra no ritmo, na rigidez e na monotonia do trabalho. Além disto, a organização do trabalho ataca primeiro e amaciçamente a vida mental dos indivíduos. O desgaste neste aspecto é bem maior devido a todo esforço para manter-se sob controle. Assim, ao começarem a participar da ginástica, os trabalhadores descobrem que é um momento, talvez o único do dia, onde podem ser eles mesmos de foram total e integrada, expandindo o corpo, a mente e o espírito. É possível, então, relaxar e abrir mão do autocontrole livres de riscos de acidentes, erros e tensão decorrentes. Podem sair das posturas automatizadas, conversar com colegas e desligar das pressões, aliviando o estresse. A G.L. preenche também uma carência da empresa par com elas e um sinal de humanização do ambiente de seu trabalho.

Visto ser a vida mental dos indivíduos a mais pressionada e tencionada, é também aquela que responde mais intensamente ao ser estimulada. Assim, sendo, é possível entender porque os resultados da G.L. salientaram-se bem mais quanto aos fatores ditos mentais. Além disto, conforme Astrand Kaarle (1980), "o desempenho físico representa uma função de fatores psicológicos, especialmente a motivação, a atitude com relação ao trabalho e a vontade de mobilizar os próprios recursos para a realização da tarefa em questão".

Deve ser por estas razões que vários entrevistadores associaram a Ginástica Laboral com uma verdadeira "terapia" que deixa a "mente aberta", fazendo com que "os problemas saiam pelos movimentos", permitindo "dar uma viajada".

Neste sentido, é interessante conhecer as opiniões dos trabalhadores quanto ao significado da Ginástica Laboral, baseando-se em suas experiências.

Quadro 8.
Distribuição de freqüência da opinião dos entrevistados sobre "qual o significado da GL".

VARIÁVEIS	Opinião 1 Fr	Opinião 1 %	Opinião 2 Fr	Opinião 2 %
Melhoria para saúde, prevenir problemas físicos e mentais	26	29,6	09	22,0
Melhorar disposição, relaxa, terapia	10	11,4	04	9,8
Melhorar as condições de trabalho	17	19,3	17	41,5
Traz maior motivação	05	5,7	01	2,4
Valoriza a pessoa, pas pensar	22	25,0	06	14,6
Melhor para empresa do que para o funcionário, pois torna-o mais disposto para o trabalho	01	1,1	—	—
Aumenta a produtividade	02	2,3	02	4,9
Faz parte do trabalho, se parasse seria uma perda para a empresa e para o funcionário	04	4,5	02	4,9
Não sabe	01	1,1	—	—
TOTAL	88	100,0	41	100,0

Através dos dados do quadro, pode-se inclusive reforçar o que foi comentado sobre os efeitos "mentais" da G.L. Percebendo-se pelas respostas que há uma percepção da integração corpo-mente/físico e mental. Isto pode Ter sido estimulado pelas primeiras questões da entrevistas, mas, conforme se observou, muitas pessoas demostraram ter essa consciência em ampliação, estimuladas, também pela G.L. Evidencia-se aqui um predomínio de uma visão mais integrada dos efeitos destas prática, onde a melhoria da saúde e a prevenção em nível físico e mental são destacados. Em seguida, são percebidos como representativos do significado da ginástica laboral a valorização das pessoas e o "fazer pensar". Pode-se constatar, agora com mais ênfase, o quanto a auto-estima, o pensar e a consciência são estimulados pela G.L. Em seguida, referem-se à melhoria das condições de trabalho, o que pode ser compreendido melhor lembrando-se que a ginástica, ao ser implantada, propõe que as empresas adotem medidas ergonômicas.

E, finalmente, a maior disposição e o relaxamento seguidos pela motivação são também percebidos como significados da Ginástica Laboral.

Cabe salientar que a percepção e interpretação dos significados da G.L. pelos entrevistados está perfeita, encontrando correspondência, por exemplo, na abordagem psicossomática que afirma que o aumento da resistência física é acompanhado de um aumento da resistência psíquica, já que as duas áreas são dissociáveis (Layman apud Pulcinelli, 1994, p. 30).

Quadro 9.
Distribuição de freqüência da opinião dos entrevistados sobre "licença médica Antes ou Depois da GL".

Já esteve em licença	Frequência	%
Não	43	54,0
Sim, antes	31	39,2
Sim, depois	05	6,3
TOTAL	79	100,0

Quanto à freqüência dos afastamentos do trabalho por licença médica, pode-se observar que depois que, a G.L. se iniciou, os afastamentos diminuíram significativamente.

Quadro 10.
Distribuição de freqüência da opinião dos entrevistados sobre "licença médica Antes ou Depois da GL".

Causas	Frequência	%
Acidentes fora da empresa	01	1,1
Quebrou o braço	01	1,1
Sinusite	02	2,2
Tendinite	12	13,5
Coluna	03	3,4
Maternidade	03	3,4
Cirurgia	03	3,4
Problema no braço, ombro, pé	04	4,5
Gripe, pontada	06	6,7
Acidente de trabalho	03	3,4
Total	28	39,3

Quanto às causas dos afastamentos por licença médica, destaca-se significativamente a tendinite, responsável por 12 casos ou 13% das causas. Isto confirma a alta incidência de doenças ocupacionais e enfrentadas pelas empresas, razão pela qual buscaram a G. L.

Na opinião destas, conforme depoimentos de gerentes, diretores, médicos, engenheiros e outros técnicos, a ginástica é uma realidade em expansão e uma possibilidade de solução, aliada à ergonomia, para as dores, acidentes e doenças do trabalho. Eles acreditam que ela veio para ficar.

Quadro 11.
Distribuição de freqüência da opinião dos entrevistados sobre "a GL traz resultados positivos para você.

TRAZ RESULTADOS	Frequência	%
Sim	84	96,6
Não	03	3,4
TOTAL	87	100

Quanto à opinião dos trabalhadores sobre os resultados da Ginástica Laboral, 96,6% disseram que lea traz resultados positivos, sem dúvida. E quando perguntados sobre quais são, responderam de acordo com os dados do quadro 12, abaixo:

Quadro 12.
Distuição de freqüência das opiniões dos entrevistados sobre "quais os resultados positivos que a GL traz para você".

VARIÁVEIS	Opinião 1 Fr	Opinião 1 %	Opinião 2 Fr	Opinião 2 %	Opinião 3 Fr	Opinião 3 %
Melhora saúde física/mental, dores	63	75,9	37	57,8	17	56,7
Melhora o relacionamento, integra, motiva	12	14,5	18	28,1	10	33,3
Passou a se preocupar com as condições físicas e mentais	06	7,2	06	9,4	—	—
Melhora a produtividade	01	1,1	01	1,6	01	6,7
Quebra de rotina	—	—	02	3,1	02	3,3
É pouco tempo, não chega a aquecer	01	1,1	—	—	—	—
TOTAL	83	100,0	64	100,0	30	100,0

Destaca-se aqui, como o resultado mais importante e significativo, a melhoria da saúde global (corpo e mente), bem como a redução para as dores, 75,9% na opinião "1", 57,8% na opinião "2" e 56,7% na opinião

"3", conforme os estímulo que a Ginástica Laboral traz para melhoria do relacionamento, integração com os colegas e motivação para o trabalho, inclusive. Em terceiro lugar, mas merecendo destaque, foi referida a ampliação da consciência e decorrente preocupação com as próprias condições físicas e mentais. Conforme os depoimentos, passarem de fato ase cuidar mais no trabalho e em casa também. Em muitos casos, suas preocupações e cuidados chegaram a estender-se aos familiares, vizinhos e amigos, como pode ser visto no quadro 8 do Anexo C.

Outros resultados percebidos pelos trabalhadores como relacionados à prática da Ginástica Laboral podem ser visto no quadro 7 do Anexo C. Ele refere-se aos efeitos percebidos no grupo de trabalho, onde salientam-se o aumento da integração e espírito cooperativo; a melhoria do ânimo, do "astral" e da motivação. Em seguida, destacam-se a melhoria do relacionamento, já referida; o aumento da "guerra" e da vontade de trabalhar, aliados ao fato de ficarem mais "espertos", quer dizer, mais acordados. Aparece ainda aumento da conscientização do grupo "quanto à saúde e a todo o resto" e a redução da irritabilidade e do cansaço.

Em muitos casos, foi referida a cooperação e o espírito de equipe como uma redescoberta das pessoas, já eu as condições e organização do trabalho estimulam e até determinam o individualismo e a solidão.

Estes resultados foram confirmados por todas as chefias e supervisores, que demonstraram uma certa "surpresa" com o ocorrido. Talvez porque estes, inseridos no mesmo contexto dos trabalhadores mas intensificados com o modelo autoritário capitalista, sofrendo também de um tipo de alienação, tenham esquecido, são ainda, e apesar de tudo, seres humanos com todas as letras. Quando tratados e respeitados em conformidade com sua natureza e essência, as respostas seguem esta coerência.

É claro que tanto supervisores quanto trabalhadores são vítimas, em parte, de todo um sistema e a alienação, entre outras reações, surge como forma de suportar e de manter-se. O que não deixa de ser paradoxal, como, aliás, é a essência da vida, pois na tentativa de manter-se, de sobreviver, o homem "apaga-se frente ao trabalho" como diz Codo. Considera-se, no entanto, que são vítimas apenas em parte, pois são também responsáveis, em alguma medida, pela manutenção de tal situação. Tal consideração e crença é pertinente e coerente com uma visão de homem como ser total, não fragmentado, nem parcial, conforme propõe Tabone (1987).

E também nas palavras de Frankl:

A afirmação do homem como uma unidade bio-psico-sócio-espiritual remete o ser humano de uma mera condição psicobiológica para uma dimensão noológica, na qual está presente a transcendência do espírito e a responsabilidade do homem par com sua existência pessoal e social (apud Martini, 1987, p.35).

O que se pretende enfatizar é que qualquer prática ou técnica aplicada aos seres humanos e que parte desta concepção, além de alcançar maiores e melhores resultados, mais duradouros, não se surpreenderá com eles. Pelo contrário, irá apenas constatar o esperado, o natural.

O distanciamento de diretores, gerentes e chefias, dos trabalhadores e dificuldade de perceber o sofrimento destes, as causas dos problemas de produção e outros aspectos desta realidade são confirmados por Silva (1994). E Dejours refere a postura de executivos e gerentes, que oscila entre o reconhecimento do sofrimento e o descrédito deste (1987).

Além deste aspecto, no quadro 6, do mesmo anexo, poderão ser observados outros resultados percebidos pelos trabalhadores em relação a eles mesmos.

Quadro 13.
Distribuição de freqüência da opinião dos entrevistados sobre "a GL traz resultados positivos para a empresa".

TRAZ RESULTADOS	Frequência	%
Sim	85	97,7
Não	02	3,4
TOTAL	87	100

Os dados revelam que 97,7% dos entrevistados afirmaram que a Ginástica laboral traz resultados positivos para a sua empresa. Estes resultados pode ser intensificados no quadro 14, a seguir:

Quadro 14.
Distribuição de freqüência das opiniões dos entrevistados sobre "quais os resultados positivos que a GL traz para a empresa".

VARIÁVEIS	Opinião 1 Fr	%	Opinião 2 Fr	%	Opinião 3 Fr	%
Motivação e disposição	15	17,2	17	23,6	08	22,9
Evita a estafa, o cansaço	33	37,9	19	26,4	08	22,9
Melhorou a imagem da empresa	02	2,3	01	14	—	—
O profissional se torna mais consciente, mais satisfeito	36	41,4	35	48,6	19	54,3
Não sabe	01	1,1	—	—	—	—
TOTAL	87	100,0	72	100,0	35	100,0

Quanto aos principais resultados positivos apontados pelos trabalhadores, em primeiro lugar está colocado que os indivíduos tornam-se mais conscientes e responsáveis, portanto, por seu trabalho e tudo o mais. Assim, ficam mais satisfeitos, realizados. Em segundo lugar, a ginástica é capaz de evitar a estafa e cansaço excessivos, o desgaste devido às condições e ao ritmo intenso de trabalho, associados a outros fatores já comentados. Em terceiro lugar, os efeitos da Ginástica Laboral sobre a motivação e a disposição também foram destacados entre os ganhos mais significativos para as empresas.

Na verdade, todos estes fatores que mostraram alteração positiva após a Ginástica Laboral estão inter-relacionadas e só podem ser compreendidos através de uma interpretação holística ou sistêmica. Para reforçar e ilustrar tal afirmação, apresenta-se a seguir o ciclo dos efeitos da Ginástica Laboral com base em suas explicações a respeito das inter-relações e da lógica existente no processo. Aliás, ao se manifestarem sobre o assunto, todos mostraram muita propriedade, convicção e fizeram questão de salientar que o processo é óbvio, assim como seus resultados.

CICLO DOS EFEITOS DA GINÁSTICA LABORAL SEGUNDO OS TRABALHADORES

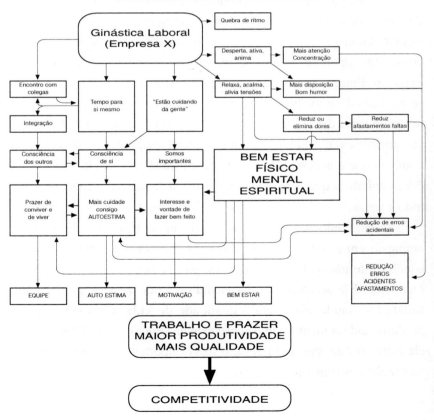

Quadro 15.
Distribuição de freqüência da opinião dos entrevistados sobre "a GL traz resultados positivos para a empresa".

A PRODUTIVIDADE AUMENTOU	Frequência	%
Sim	63	71,6
Continua a mesma	21	23,9
Estabilizou	02	2,3
Não sabe	02	2,3
TOTAL	88	100,0

Quanto ao aumento da produtividade como resultado da prática da Ginástica laboral, os entrevistados, em sua maioria, 71,6%, afirmam e enfatizaram que é uma realidade. As explicações que eles deram sobre como isto acontece e porque encontraram-se no "Ciclo de Efeitos" recém expostos. Entre as pessoas que confirmaram tais explicações encontram-se médicos do trabalho, engenheiros, gerentes e supervisores. Embora ninguém saiba dizer que quanto é este aumento em números, todos são categóricos em afirmar que é real e visível. Neste sentido, Motta (1986) comenta que a necessidade de quantificar tudo está ligada à lógica e à ética capitalista que acredita ser uma forma de manter o controle sobre tudo e todos.

Mas, conforme o assessor de Recursos Humanos de uma das empresas em estudo, os resultados verdadeiros e mais importante são aqueles referidos pelos trabalhadores, pois somente eles podem avaliar realmente. Ele acredita que, na medida em que as pessoas estiverem satisfeitas, saudáveis e tendo qualidade de vida, é provável que a produtividade aumente, como conseqüência lógica e natural. No entanto, ele afirmou que, par a empresa, o mais importante é o bem-estar e a satisfação dos seus funcionários.

Quadro 16.
Distribuição de freqüência da opinião dos entrevistados sobre "porque aumentou a produtividade depois da GL".

VARIÁVEIS	Frequência	%
Reduziu as dores	25	41,7
Se sentente melhor física e mentalmente	34	56,7
Melhorou a qualidade devido à tranquilidade	05	1,7
TOTAL	64	100,0

Quanto às razões para o aumento da produtividade, 56,7% dos entrevistados disseram que por sentirem-se melhor, com mais qualidade, uma vez que erram menos, prestam amais atenção e se interessam mais pelo trabalho.

A redução das dores e sintomas físico foi referida por 41,7% dos entrevistados como uma importante causa para o aumento da produtividade. É interessante aqui lembrar que, conforme Dias (1995), um terço das pessoas trabalhar sempre sentindo dor. E, enquanto se está com dor, é esta sensação que toma conta de todo o ser, predominando sobre outras emoções e sobre a vida mental do indivíduo, de acordo com Schilder (1994).

Quadro 17.
Distribuição de freqüência das opiniões dos entrevistados sobre "porque a empresa resolveu adotar a GL".

VARIÁVEIS	Opinião 1 Fr	%	Opinião 2 Fr	%
Por interesse no crescimento do funcionário, benefícios para os funcionários.	16	18,0	03	7,1
Melhorar à saúde do funcionário e qualidade de vida	51	57,3	18	42,9
Melhorar as condições de trabalho	06	6,7	04	9,5
Aumentar a produtividade	06	6,7	16	38,1
Por influência de outras empresas que adotaram a G.L., para se manter atualizada, moderna	08	0,9	01	2,4
Não sabe	02	2,2	—	—
TOTAL	89	100,0	42	100,0

Quando à percepção dos entrevistados em relação às razões para sua empresa Ter adotado a Ginástica Laboral, tem-se que 57,3% dos entrevistados referiam, na opinião "1", que a empresa está preocupada em melhorar a saúde do funcionário e reduzir os índices de doenças ocupacionais e afastamentos, e 42,9% referiram, na opinião "2", esta mesma razão.

Enquanto respondiam a esta pergunta, muitas pessoas comentaram que as empresas sabem muito bem que precisam resolver os problemas de saúde e que isto vai aumentar a produtividade.

Em seguida, foi referido que as empresas adotaram a Ginástica Laboral por interesse no crescimento dos funcionários e no seu benefício. Percebeu-se em respostas como estas que, em alguma medida, os trabalhadores estão repetindo o discurso das empresas. Agora até que ponto eles acreditam neste discursos ou simplesmente desejam acreditar, nem sempre ficou claro.

Quadro 18.
Distribuição de freqüência da opinião dos entrevistados sobre "e a favor da continuidade da GL".

A FAVOR DA CONTINUIDADE DA GL	Frequência	%
Sim	88	100,0
Não	---	---
TOTAL	88	100,0

Quanto à continuidade da G.L., constatou –se que 100% dos entrevistados consideram-na uma grande conquista e acham que deve continuar. As principais razões para esta opinião e desejo este encontram-se a seguir, no quadro 19.

Quadro 19.
Distribuição de freqüência das opiniões dos entrevistados sobre "porque 'a favor da continuidade da GL."

VARIÁVEIS	Opinião 1 Fr	%	Opinião 2 Fr	%
Tira da rotina, quebra o ritmo	01	1,2	01	3,1
Melhorar as condições de trabalho, melhora a produtiividade	09	11,0	18	56,3
Melhora a qualidade de vida, motiva, integra	72	87,8	13	40,6
TOTAL	82	100,0	32	100,0

Percebe-se que a principal razão para acharem que a ginástica laboral deve continuar é a melhoria da qualidade de vida, aliada à motivação e integração que ela proporciona. Em segundo lugar, colocaram a melhoria das condições de trabalho e da produtividade. É interessante lembrar que as pessoas que trabalham satisfeitas e sentindo prazer naquilo que fazem estão menos propensas a sentir dor do que aquelas que, ao contrário, estão infelizes e insatisfeitas (Couto, 1991).

Livres das dores e aliviadas em sua tensões, as pessoas tornam-se mais aptas e dispostas para fazer qualquer cosa, desde o convívio com os colegas até a realização de suas atividades laborais. Valorizadas, estimuladas e reconhecidas, recobram sua auto-estima, consciência e capacidade de tomar as melhores decisões na direção dos objetivos próprios e organizacionais. Já que viver conscientemente é viver de maneira responsável em relação à realidade, segundo Branden (1991, p.30).

Para as empresas, preocupar-se com a qualidade de vida de seus funcionários é pensar com inteligência e adotar medidas concretas neste sentido é agir com sabedoria e sensatez. Mais do que isto, é tratar da própria sobrevivência, conforme Fernando (apud Radice, 1994).

Ainda com relação à Qualidade de vida no Trabalho (Q.V.T.) é importante lembrar que as empresas, ao demostrarem que estão preocupadas com isto, devem analisar que não adianta fazer a ginástica e adotar a ergonomia e, simultaneamente, aumentar o ritmo de trabalho, a cada dia exigindo um número de horas extras excessivo e insuportável para o ser humano. Esta realidade se contrapõe à proposta de Q.V.T., conforme Walton e outros (apud Rodrigues, 1994, p. 81).

Quadro 20.
Distribuição de freqüência da opinião dos entrevistados sobre "você acha que devem haver modificações no programa GL".

DEVE HAVER MODIFICAÇÕES NA GL	Frequência	%
Sim	57	65,6
Não	30	34,5
TOTAL	87	100,0

Embora os entrevistados estejam bastante satisfeitos com a Ginástica Laboral e seus resultados e desejam a sua continuidade, uma parcela significativa, 65,5%, acha que devem haver algumas modificações e aperfeiçoamentos para que ela atenda ainda melhor as necessidades de seu público alvo e seus objetivos.

Na opinião dos entrevistados, as sugestões de mudanças aparecem no quadro 21 a seguir:

Quadro 21.
Distribuição de freqüência das opiniões dos entrevistados sobre "o que devemos mudar no programa da GL".

VARIÁVEIS	Opinião 1 Fr	%	Opinião 2 Fr	%
Deveria diminuir o ritmo do exercícios	03	5,1	—	—
Deveria ter ginástica fora do expediente	—	—	01	7,1
Deveria ter ginática à tarde, aumentar o tempo de exercício	12	20,3	05	35,7
Melhorar a distribuição dos exercícios (para todo o corpo)	10	16,9	02	14,3
Ter ginástica preparatória	02	3,4	01	7,1
Deveria ser dada por professor e não por monitor	10	16,9	05	35,7
Deveria motivar as pessoas a fazer os exercícios	16	27,1	—	—
É cedo para avaliar	01	1,7	—	—
Deveria ser mais organizado quanto a horários e frequência	05	5,6	—	—
TOTAL	59	100,0	14	100,0

É muito significativo que apareça em primeiro lugar, a sugestão de motivar mais as pessoas para a realização da Ginástica Labora. Este fator é primordial e referido por vários autores, entre eles Berge (1988), que enfatiza a necessidade de se despertar o interesse para com o movimento visando a um encontro entre mente e corpo e um real benefício, do contrário a atividade torna-se cansativa, sem sentido. Quanto a isto, observou-se durante a pesquisa que realmente há falhas quanto à motivação do pessoal e elas parecem estar ligadas a vários fatores, mas principalmente à concepção predominante sobre o ser humano e as limitações de profissionais para realizar e orientar a prática da Ginástica Laboral. Falta, também experiência e preparo destes profissionais no sentido de conhecer e compreender melhor e mais amplamente o mundo e as relações de trabalho, bem como os aspectos sociológicos, psicológicos, políticos, econômicos destas relações. Evidentemente, isto não é geral, mas é real e compreensível até certo ponto, visto que é uma área bastante nova e aqueles que estão sendo os pioneiros merecem ser valorizados incentivados por sua coragem e determinação. Entretanto, encontramos profissionais com destacada competência, visão e preparo, que percebem a necessidade de tais investimentos. Estes já estão se destacando no mercado e certamente já estão contribuindo para um grande avanço nesta área.

Outros aspectos referidos foram o aumento do tempo de exercícios, que, aliás, está sendo avaliado em uma das empresas estudadas, pelo menos para os casos mais graves, com problemas acentuados de coluna, tendinites etc.

Realizar exercícios à tarde também foi sugerido e alguns acrescentaram que poderia ser no final do período, para aliviar o cansaço e chegarem em casa mais relaxados e sem dores.

Muitas pessoas entrevistadas enfatizaram a necessidade de que a Ginástica Laboral seja orientada direto por professores e não pelos monitores, ou que pelo menos eles acompanhem mais de perto. Justificam dizendo que os monitores não têm a mesma segurança e preparo para dar uma orientação, prescrever um exercício ou cuidado etc. Pareceu claro, pela observação, que isto influi muito na motivação do pessoal.

E a melhora da distribuição e administração dos tipos de exercícios também foi muito mencionada. Alguns acham que os exercícios devem ser para todo o corpo e não só para algumas partes. Isto é interessante, pois mostra a percepção e a necessidade natural que o ser humano tem de ser tratado e funciona integrado. O tratamento por partes obedece a uma visão fragmentada e lembra o tratamento das máquinas. E como o indivíduo é um todo, ele reage, o que é saudável.

Outras pessoas referiram que fica monótono fazer os mesmos exercícios, tal como no ambiente de trabalho. Outros ainda acham que quando já forçam determinadas partes do corpo durante a realização de suas tarefas, insistir em forçá-las traz mais cansaço e dor. Tudo indica que as particularidade e a individualidade não estão sendo bem atendidas ou merecem mais atenção.

Vários autores, entre eles Targa, comentam e alertam para a importância do preparo dos profissionais e de sua identificação com a área, bem como dos valores que orientam. Também salientam que o papel de educador em educação física deve ser o de promover a saúde global, levando em consideração o indivíduo como um todo. Neste sentido, é evidente que aparecerão queixas sugestões etc., que precisarão ser compreendidas olhando-se indivíduo como um todo integrado e em relação com sistema mais amplos como a organização em que trabalha, sua comunidade e cultura etc. Esta visão é fundamental para alcançar os objetivos da proposta da Ginástica Labora, tanto no nível dos trabalhadores quanto no das organizações contratantes.

E finalmente sobre os acidentes de trabalho, pode-se afirmar, com base nos depoimentos e na literatura citada, que eles sofrem educação significativa após o início da prática da Ginástica laboral, principalmente no período da manhã. Aliás, neste sentido, o gerente de R.H. da empresa "A" afirmou que, conforme o médico do trabalho, os acidentes diminuíram em 30% e tornaram-se a unidade fabril com o menor índice de acidentes na parte da manhã de toda a empresa, após terem implantado a Ginástica Laboral há dois anos.

As estatísticas sobre acidentes e doenças profissionais são estranhas ao público em geral e falta de diagnóstico das doenças ocupacionais faz com que não sejam computadas, destacam Stellman e Daum (1975) Conforme o professor Ricardo Pinto, reforçado pelo depoimento de outros técnicos, os dados numéricos sobre acidentes são difíceis de se levantar e estipular, sendo que algumas dificuldades já foram mencionadas. Mas, conforme os trabalhadores, a Ginástica Laboral, se não pode fazer milagres em relação a todo o contexto, pode com certeza contribuir para a redução deste "exército de doentes" e mutilados que se produz no Brasil (Ver. Tend. Do Trabalhador, Jan/1992, p. 17).

Os trabalhadores estão sendo massacrados em massa, pois, conforme a revista citada, "de cada três trabalhadores brasileiros, empregados nos últimos dez anos, um foi atingido por acidente de trabalho".

Na realidade, sabe-se que os índices podem ser ainda mais alarmantes do que estes, pois muitos casos não são registrados ou reconhecidos. O custo disto é imenso e vivemos num "quadro dantesco" em que não se pode jamais falar me qualidade de vida e, menos ainda, em Qualidade Total, enquanto não se tomarem providências drásticas quanto a tal condição.

Neste sentido é que as empresas estão procurando soluções, entre elas a ginástica aliada à ergonomia. Isto é importante, dá resultados, mas é só um começo, pois há muito a ser feito.

Neste estudo, os dados mais enfatizados quanto às doenças ocupacionais oferecem uma dimensão da situação, visto que são enquadradas como acidentes de trabalho.

Entre as questões investigadas, incluímos algumas relativas ao sindicato e seu conhecimento e posicionamento quanto à Ginástica Laboral, visto serem eles um papel fundamental neste processo:

Quadro 22.
Distribuição de freqüência da opinião dos entrevistados sobre "como o sindicato vê a GL".

DEVE HAVER MODIFICAÇÕES NA GL	Frequência	%
Não sabe, não tem conhecimento	71	83,5
Tem críticas que a GL é feita por obrigação	07	8,2
Vem como algo bom	07	8,2
TOTAL	8,5	100,0

Conforme os dados do quadro, os entrevistados, em sua maioria, 83,5%, não sabem o que o seu sindicato pensa sobre a adoção da Ginástica Laboral pelas empresas. Apenas 8,2%, deles referiram que o sindicato faz críticas apegando-se ao aspecto do que a Ginástica Laboral é uma obrigação a mais para os trabalhadores. Igualmente, 8,2% dos depoimentos indicam que a percepção do sindicato é positiva quanto à Ginástica Laboral.

Na realidade, pode-se constatar que há um distanciamento entre a maioria dos trabalhadores entrevistados e seus sindicatos, devido a uma grande insatisfação com a postura e atuação destes últimos. Conforme os dados nos mostram, os sindicatos também não se aproximam.

Percebeu-se na realidade que nas empresas onde há uma comunicação e negociação direta entre os funcionários, o sindicato não obtém penetração. É lamentável, pois assim como os sindicatos, negociam salários e mais uma série de condições, deveriam também negociar melhorias na organização e processos de trabalho e na qualidade de vida dos trabalhadores.

BOAS RAZÕES PARA
VOCÊ ADOTAR ESTA PRÁTICA

Fazemos questão de apresentar objetivamente todos os resultados e benefícios possíveis de serem alcançados através da implantação da Ginástica Laboral em sua empresa. Lembrando que tanto maiores e melhores serão os resultados quanto maior for o comprometimento da cúpula, ou seja, "não basta gerar, tem que participar". Além disto, a Ergonomia, a melhoria das condições e formas de organização do trabalho, assim como a escolha de profissionais competentes para coordenar e acompanhar o programa são fundamentais.

Uma outra observação muito importante é a de que em algumas situações especiais, onde as pressões sobre o trabalhador forem muito acentuadas, os acidentes de trabalho, por exemplo, poderão aumentar temporariamente, mesmo que a Ginástica Laboral esteja sendo praticada. No entanto, devemos analisar não só o histórico de acidentes, anterior à sua prática, como também a hipótese provável de que sem a ginástica, nas atuais condições tão desfavoráveis, os índices de acidentes poderiam ser bem mais elevados.

Agora, analise você mesmo as vantagens desta prática e observe que os resultados colocados pelas empresas como esperados foram em muito, superados pelos não esperados. Daí a surpresa e entusiasmo com que muitas empresas passaram a ver a Ginástica Laboral num segundo momento. Confira você:

RESULTADOS

ESPERADOS:
- Redução de acidentes de trabalho;
- Redução das dores;
- Redução dos afastamentos para saúde;
- Aumento da produtividade;
- Melhoria da saúde física.

NÃO ESPERADOS:
- Melhoria das condições de trabalho;
- Melhoria da saúde geral: física, mental e espiritual;
- Aumento da disposição para o trabalho;
- Aumento da motivação para o trabalho;
- Redução do número de erros/falhas;
- Aumento da qualidade de trabalho;
- Redução de faltas;
- Melhoria do relacionamento interpessoal;
- Aumento da integração, espírito de equipe, união e cooperação;
- Redução do estresse, alívio de tensão e relaxamento;
- Aumento da consciência sobre cuidados consigo e com a saúde;
- Aumento da consciência sobre a realidade;
- Elevação da auto-estima;
- Desenvolvimento de postura preventiva;
- Desenvolvimento de responsabilidade e comprometimento;
- Melhoria da qualidade de vida;
- Cultivo de hábitos saudáveis extensivo a familiares e comunidade;
- Melhoria da imagem da empresa;
- Humanização do ambiente de trabalho;
- Liberação da criatividade.

COMENTÁRIOS FINAIS

A Ginástica Laboral está sendo adotada, visando muito mais a redução de acidentes de trabalho e doenças ocupacionais do que a saúde e qualidade de vida dos trabalhadores. O objetivo em questão é reduzir os afastamentos e custos decorrentes, aumentando a produtividade e competitividade.

Na verdade, o mercado está forçando as empresas a reagirem e buscarem soluções para a própria sobrevivência. A Ginástica Laboral está, pouco a pouco, se constituindo em uma importante alternativa, desde que aliada à outras iniciativas, tais como a ergonomia, o rodízio de funções etc. Embora estejam adotando novas e modernas formas de gestão, assim como equipamentos e técnicas avançadas, as empresas ainda se mantêm sob a orientação de uma ética capitalista dominadora, autoritária e utilitária. Predomina a concepção tradicional da administração em conformidade com o paradigma da administração científica, caracterizado pela alta desumanização do trabalho que separa a mente criadora do corpo que executa.

Percebe-se uma aparente evolução devido ao discurso, a roupagem nova, a força do marketing etc. Na prática, houve apenas um acompanhamento do deslocamento do poder para sua fonte mais pródiga, e de maior qualidade, que é o conhecimento, a informação, conforme Toffer (1990, p. 37).

Assim, o poder das organizações não está nas pessoas que as compõem, mas naquelas que pensam, sabem pensar e detêm conhecimento. Daí o "velho" conflito de interesses em adquirir uma "roupa nova". As empresas precisam investir na educação, ampliar o conhecimento dos trabalhadores, portanto aumentar o poder destes, mas sem diminuir o seu próprio. Certamente, elas têm obtido sucesso em manipular a seu favor o cenário e seus personagens até hoje, mas percebe-se que, pouco a pouco, o espaço para uma mudança nesta relação está surgindo exatamente do conflito. Ou melhor, da percepção de que existem, pelo menos, alguns interesses comuns que implicam a sobrevivência de todos e que dependem necessariamente de uma relação de cooperação e, portanto, da distribuição mais equilibrada do poder.

Neste sentido, é importante analisar a questão da obrigatoriedade ou não de fazer a ginástica. Na maior parte das empresas não é obrigatório, mas o que se observa é que muitas pessoas fazem porque "se foi a empresa que teve a iniciativa, a gente tem que fazer, né?" Percebe-se que a relação predominante é autoritária e que os papéis estão bem definidos e arraigados, sendo difícil mudar, principalmente quando quem detém o poder e a autoridade não se propõe a isto. Sabe-se que a falta de exercício tanto do físico quanto da mente leva à doença e até à atrofia das funções e para recuperá-las, o que nem sempre é possível, é preciso tempo e investimento, estimulação e dedicação. Então, embora esta relação desequilibrada traga prejuízos para as duas partes, a mudança só ocorrerá através da conscientização de ambas e do desejo de evoluir. Constata-se, até aqui, que a própria ginástica contribuiu para o processo de ampliação da consciência e de elevação da auto-estima dos seus participantes, o que representa um começo.

Na direção de uma evolução deste processo, é fundamental o papel das lideranças e do exemplo.

Em sua maioria, os vários níveis de chefia e supervisão não estão praticando a ginástica junto com os funcionários, o que gera limitações quanto aos resultados e desestimula os grupos.

Conforme King, "a participação e envolvimento de chefe ou gerente é um fator importante para o sucesso do programa" (in Williams e Wallace, p.171). As alegações para a não-participação vão desde a falta de tempo até não verem a necessidade devido às atividades laborativas que exercem. A verdade é que sem o exemplo falta sustentação para qualquer projeto. Questão de coerência entre ações, pensamentos e principalmente valores.

Segundo Dias (1995), "é marcante a diferença de resultados quando as chefias se envolvem e comprometem. Neste caso, todos participam, há mais entusiasmo, prazer e dedicação, levam mais a sério e valorizam a ginástica de outra forma".

Se o movimento não começar de cima, da cúpula da empresa, sua sedimentação e consolidação na cultura é impossível.

Assim, voltando ao problema colocado para este estudo, constatou-se que as empresas e os indivíduos estão perdendo ou, no mínimo, deixando de ganhar muitos outros benefícios que poderiam advir da aplicação de um instrumento como a Ginástica Laboral, caso a visão sobre o ser humano se ampliasse. Na verdade, tal postura parece dotada de pura irracionalidade.

Quando uma empresa adota uma nova tecnologia ou adquire um equipamento qualquer, novo, a primeira iniciativa é conhecê-lo profundamente e preparar-se para obter dele os melhores resultados pelo menor custo, com a maior durabilidade e qualidade. Mas já em relação às pessoas, a atitude é bem diferente, visto que insistem, até o momento, em não conhecê-las totalmente e muito menos profundamente. Permanece a concepção mecanicista. Não há espaço para o afeto e a emoção.

As empresas buscam desesperadamente o chamado comprometimento destas pessoas e, engano após engano, perguntam-se porque não o alcançam. A resposta é: porque não sabem exatamente o que significa, uma vez que é um atributo exclusivamente humano, que escapa a qualquer programa de adestramento ou condicionamento.

Se não conhecem bem os seres humanos, não podem conhecer nem dominar seus atributos. Se chegassem a conhecê-los, saberiam que não podem dominá-los, pois ao fazê-lo, já os perderam em sua essência, naquilo que possuem de mais precioso: sua humanidade. Fonte, aliás, de toda a energia, criatividade e qualidade possíveis.

Assim, mesmo aplicada dentro de tal contexto e visão, a Ginástica Laboral aumenta a produtividade sim, tendo em vista todos os depoimentos e a explicação lógica de que, se diminui as dores, aumenta a disposição, a atenção e a concentração, ativa a mente e o corpo, reduz acidentes, afastamentos por doenças ocupacionais e a procura do ambulatório, evidentemente, reduz os custos, os erros, melhorando os resultados em quantidade e, principalmente, em qualidade.

Mas o que extrapola estes resultados, em alguma medida, esperados pelas empresas e indivíduos? Justamente aqueles efeitos que ocorrem independentemente de serem percebidos ou valorizados e que decorrem da natureza real e mais completa do ser humano, de sua totalidade dinâmica. Por exemplo, a ampliação da consciência e o aumento da auto-estima. Observou-se que, em geral, as empresas nem mencionam tais efeitos, que se tornados conscientes e bem aproveitados, podem beneficiar ambas as partes.

Indivíduos mais conscientes logicamente tornam-se mais responsáveis e livres, autônomos inclusive em criatividade e certamente mais aptos a decidirem e se comprometerem com suas ações e decisões. Tal condição reforça ainda mais sua auto-estima, ou seja, seu sentimento de competência e de valor pessoal, bem como sua autoconfiança. Uma condição alimenta a outra num ciclo inesgotável de desenvolvimento e amadurecimento.

Pessoas assim denotam saúde, vitalidade e muito mais energia e capacidade de alcançar resultados positivos e brilhantes, de se superarem.

Mas, é claro, pessoas assim também tornam-se naturalmente mais críticas, mais exigentes e menos manipuláveis, já que, segundo Feldenkrais, "o pensamento e o intelecto que sabem são os inimigos do automatismo, da ação habitual"(1997, p.68).

Talvez esteja aí uma das mais fortes barreiras ou a maior fonte de hesitação das empresas em investir na educação, esta entendida como a ampliação da consciência e o desenvolvimento pleno do ser humano e de suas potencialidades. Porém tal receio só é mantido devido à visão obnubilada e limitada da natureza humana e a uma interpretação equivocada do real sentido do movimento de globalização.

Assim, enquanto não houver mudança significativa, perdem as duas partes, o que é lamentável. Basta analisar as respostas dadas pelos entrevistados para perceber que o ciclo é realmente interminável e multiplicador de benefícios, que acabam por se estender às famílias dos trabalhadores e à comunidade mais ampla. Isto fica evidente quando eles contam que passaram a se exercitar em casa, a ter cuidados com a postura, alimentação e, além disso, chegaram a ensinar estes hábitos e até a praticá-los com familiares e amigos.

É um processo ganha-ganha, pois a empresa ganha funcionários mais saudáveis física, mental e espiritualmente, mais felizes. Sua imagem perante estes e a comunidade cresce, sendo o melhor marketing e o de menor custo. Desta forma, a tendência é que as pessoas queiram permanecer na empresa e se comprometer com ela.

Na visão dos trabalhadores que praticam a Ginástica Laboral, esta iniciativa é um grande avanço das empresas e um sinal de que finalmente estão se preocupando com eles e com sua saúde; estão se humanizando. Acreditam que deve haver continuidade, pois ambas as partes saem ganhando. Quanto eles falam sobre isto, deixam claro que os resultados são tão óbvios que é inadmissível que alguém não os perceba. E explicam com muita propriedade e riqueza de detalhes como se dão estes resultados. Sobre a redução de erros, por exemplo, dizem que se ficam mais acordados, ativos e dispostos, prestam mais atenção e cuidam do que fazem. Sentindo-se cuidados pela empresa e respeitados, ficam mais motivados e interessados em fazer melhor as coisas. Eles descrevem uma série de relações de causa/efeito e salientam que sem dor, mais atentos, dispostos, satisfeitos e motivados é claro que todos vão fazer melhor o seu trabalho, vão errar menos, vão faltar menos, ir menos ao médico e vão, assim, produzir mais.

Através das inúmeras declarações de trabalhadores, tanto da área administrativa quanto da produção, pode-se confirmar que, de fato, a prática desta atividade física estimula o indivíduo como um todo, corpo-mente-espírito, no sentido de uma expansão da consciência sobre si mesmo, os outros e a realidade que o cerca. É claro que isto ocorre em diferentes níveis e intensidades para cada um, dependendo do estágio em que já se encontrava. Uma pessoa que já praticava algum esporte ou atividade física fora da empresa, por exemplo, sofre impacto bem menor da Ginástica Laboral, tanto física quanto mentalmente, uma vez que já desenvolveu um bom condicionamento e consciência. Mas, nestes casos, tornam-se monitores da ginástica. Relatam obter grandes benefícios sociais e uma enorme satisfação em poder ajudar os colegas a ficarem bem.

A sabedoria e o conhecimento dos trabalhadores, assim como sua coragem e bravura diante da vida, são fantásticos. Lamenta-se, no entanto, que justamente os profissionais de Recursos Humanos mantenham-se, em geral, distantes desta realidade e dos seus clientes internos. Isto fica evidente no momento em que são questionados sobre a experiência e os resultados da ginástica. Ocorre que eles não a praticam, não acompanham o processo e por isto têm pouco a dizer, restringindo-se à percepção de resultados como a integração e o relacionamento interpes-soal.

Aliás, que se envolve diretamente com a coordenação desta atividade é a área de segurança do trabalho e "quem cuida e sabe destes resultados é o SESMT", disse um gerente de RH. Na verdade, o modelo de administração tradicional fragmentado é responsável por esta visão dentro das organizações, em que cada um só vê e se responsabiliza por uma parte ou setor. "O resto não é comigo, é com eles".

Além disto, foi interessante observar que, em algumas empresas, os gerentes de RH foram as pessoas mais difíceis de se encontrar e, por isto, nem todos foram entrevistados. Um outro dado impressionante foi o de que um grupo de trabalhadores entrevistados afirmou não conhecer o gerente de Recursos Humanos, nem mesmo pelo nome, apesar de todos trabalharem há mais de oito anos naquela empresa.

Neste sentido, é interessante observar-se que os programas de ginástica são geralmente coordenados pelas áreas de segurança e por engenheiros de segurança. São profissionais eminentemente ligados pela própria formação à área técnica e voltados para a prevenção, a todo o custo, de condições insalubres e acidentes de trabalho, com enfoque direcionado aos aspectos físicos desta prevenção. Isto fica coerente com a concepção predominante da administração científica ou tradicional e a visão mecanicista do ser humano. Observou-se que, pela postura assumida pelas empresas de vincular a ginástica à área de segurança, fica evidente que esta prática é adotada muito mais como uma medida de ordem técnica necessária do que como um benefício aos trabalhadores. Tanto é verdade que, em algumas empresas de que tivemos notícia, a G.L. está sendo considerada como um E.P.I (Equipamento de Proteção Individual).

Na realidade, o processo de evolução é lento e composto de fases ou ciclos, conforme a história vem demonstrando. Constata-se, então, que o objeto de estudo, a Ginástica Laboral, da forma como vem sendo adotada e encarada, faz parte de um momento e de um cenário atuais dentro do processo, mas que tem um passado e, certamente, um futuro, conforme mostram as tendências.

A Ginástica Laboral não é uma poção mágica e nem mesmo a fonte de todos os prazeres, mas é, com certeza, "um oásis num deserto" na medida em que a sua utilização por parte dos professores, empresas e trabalhadores foi orientada por princípios éticos e por uma visão do ser humano por inteiro. A ginástica é a única possibilidade que uma grande parte dos trabalhadores têm de receber orientações seguras e sérias e um tempo e espaço dentro da jornada de trabalho para cuidarem de si mesmos, coisa que dificilmente poderiam fazer com suas condições de vida e num ritmo tão intenso como o atual. Se esta prática se transformar num hábito diário importante e necessário para todos, a exemplo do que fazem os japoneses, certamente todos irão se beneficiar, inclusive a comunidade extra-empresa.

Embora haja a predominância do paradigma da administração científica e da visão homem-máquina, percebe-se que há uma luz no fim do túnel. Muitas pessoas estão ampliando sua visão e consciência em todos os níveis das organizações. Um exemplo é o daquele diretor da empresa "F" já citado, que confessou ter iniciado a Ginástica Laboral com a visão parcial referida, mas afirmou que a experiência está sendo tão positiva e surpreendente que acabou provocando outras transformações. Neste caso, a ginástica foi procurada apenas para atender a uma demanda específica quanto aos aspectos físicos e de produtividade. No entanto, mostrou-se capaz de estimular uma ampliação de visão e de consciência através da sua prática e resultados, que vêm demonstrando que há muito mais a ser considerado quanto a esta prática educativa.

Os seres humanos são muitos mais do que "corpos dóceis", as organizações são bem mais do que um agrupamento destes e a Ginástica Laboral pode ser mais do que uma simples ferramenta. Tudo depende da visão, da consciência, da filosofia e da ética que orientam a ação e a interação entre os partícipes do processo. Pois, como nos diz Joel Barker, somente "visão com ação é capaz de mudar o mundo". Enquanto predominar a ética capitalista, a preocupação com o ser humano como "ser humano" deve continuar apenas no discurso.

É preciso evoluir para um ética humanista, pois só assim será possível existir a administração e o desenvolvimento de seres humanos que vêm sendo preconizados. É preciso mais do que nunca assimilar a concepção holística de saúde que se aplica aos indivíduos e às organizações cujo significado é bem colocado por Tabone:

> *A saúde integral requer o equilíbrio entre o homem total e os vários sistemas maiores com os quais ele se acha interconectado, ou seja, o ambiental, o social, o cultural, o econômico e o cósmico (p. 167).*

ANÁLISE FINAL

Em primeiro lugar, fica evidente que a Ginástica Laboral reduz, significativamente, os acidentes de trabalho, principalmente no turno da manhã, assim como os afastamentos por doenças ocupacionais e as faltas devido às dores, cansaço excessivo e fadiga. Isto está relacionado especialmente com os efeitos de relaxamento, descontração, aumento da disposição e redução ou eliminação das dores e sintomas físicos, conforme o próprio relato dos entrevistados.

Segundo se observou, dependendo da intensidade do ritmo e da duração da jornada de trabalho, os efeitos da ginástica serão mais ou menos significativos. Isto demonstra que se as pessoas forem submetidas a um número excessivo de horas de trabalho e a um ritmo e pressão exagerados, o máximo que se obterá com a ginástica será o evitamento de uma estafa física e mental. O que, de qualquer modo, já é uma grande vantagem.

Além disto, comprovadamente, a ergonomia é fundamental para a eficácia da ginástica, assim como, em algumas situações, o rodízio ou a troca definitiva de posto de trabalho.

A Ginástica Laboral poderá representar uma fonte de prazer a saúde ou de dor e contrariedade dependendo do seu uso e aplicação pelos profissionais, empresas e pelos próprios trabalhadores. Estes, na medida em que se conscientizam e conquistam sua autonomia, podem e devem contribuir para a correção de distorções e a reorientação do processo.

O mesmo vale para a questão da ginástica tornar-se ou não um instrumento de manipulação, disciplinarização e produção de "corpos dóceis", como menciona Dejours (1988, p. 42).

É certo que a ginástica é uma conquista positiva para a maioria maciça dos entrevistados, tendo vindo mesmo para ficar, devido aos seus resultados benéficos para o indivíduo como totalidade, como unidade bio-psico-sócio-espiritual. A produtividade também aumenta na medida em que os custos com a saúde diminuírem a assiduidade e o número de trabalhadores atuantes aumenta e que, em melhores condições de saúde global, com a capacidade de concentração, a disposição e a motivação aumentadas, o número de erros é bem menor, a qualidade e, principalmente, a qualidade são maiores.

No entanto, é importante ressaltar que os níveis para estes resultados são variáveis de acordo com as características das empresas, tais como políticas de RH, ambiente e clima de trabalho etc., assim como dependem das características individuais de cada trabalhador, mas estes resultados são verdadeiros e válidos para todas as empresas pesquisadas e referem-se aos grupos praticantes da Ginástica Laboral.

Sabe-se que entre as defesas empreendidas pelos trabalhadores, a negação e/ou repressão de certos sentimentos e problemas é muito comum. Assim, são inúmeros aqueles que, embora sintam dores físicas e/ou psíquicas, agüentam e não se identificam devido ao receio das conseqüências. Isto equivale a dizer que os índices de doenças ocupacionais, acidentes e outros distúrbios são bastante mascarados pelos próprios trabalhadores. Portanto, os resultados aqui mencionados são baseados nos casos intensificados e relatados.

Enquanto a mentalidade empresarial permanecer arraigada a antigos paradigmas e as condições determinantes do desgaste da saúde do trabalhador não mudarem, qualquer medida adotada constitui-se em verniz, aparência frágil que não resiste ao tempo e às intempéries. Assim, a ginástica, a ergonomia etc., são importantes e excelentes meios de prevenir, promover e manter a saúde e a produtividade. Mas são insuficientes e ficam limitados em seu potencial de resultados e benefícios enquanto o sistema administrativo permanecer autoritário e punitivo, com ritmo de trabalho e horas extras abusivas e sem um canal de comunicação e apoio que atenda às necessidades psicológicas dos trabalhadores.

Até o momento, é evidente que as empresas, embora estejam adotando uma série de práticas e ferramentas ditas inovadoras quanto à gestão, continuem apenas reagindo às exigências e demandas do mercado. Mantêm-se, ainda, predominantemente regidas pelo modelo tradicional de administração e baseadas em antigos paradigmas em que a visão sobre a realidade e o ser humano é mecanicista e fragmentada. O principal motivo para a adoção da Ginástica Laboral é ainda dar manutenção e lubrificar o homem-máquina, visando à produtividade, à competitividade e ao lucro.

No entanto, encontram-se em todas as organizações pesquisadas muitas pessoas em todos os níveis hierárquicos, com um alto nível de esclarecimento, consciência e visão e também orientadas pelos novos paradigmas e por valores mais altos e dignos. Estas pessoas certamente representam o germe, a semente de transformação que já está em processo, de forma silenciosa, mas irreversível, com certeza!

Acredita-se que, embora as empresas estejam adotando a Ginástica Laboral mais por exigência do mercado do que por conscientização e preocupação com a saúde dos trabalhadores, os resultados significativos sobre a produtividade e a qualidade vão se encarregar de abrir os olhos da administração e de perpetuar uma prática tão sadia e promissora.

Além disso, a conscientização crescente dos trabalhadores sobre o valor da sua saúde e qualidade de vida deverá pesar muito para a manutenção e o aperfeiçoamento deste e de outros benefícios. Afinal, uma das tendências em administração é a descentralização do poder e o aumento da participação dos trabalhadores nas decisões, ou seja, o

Empowerment. Como os sindicatos pouco ou nada sabem sobre a Ginástica Laboral, conforme declarado pelos entrevistados, deverão apenas apoiar a idéia e talvez, como disse o médico citado anteriormente, lutar para incluí-la no dissídio das categorias.

Nas palavras de Ferguson (1992, p. 396), encontra-se a expressão de tal movimento:

> *Um a um podemos refazer a opção despertar. Deixar a prisão do nosso condicionamento, amar, voltar para casa. O despertar traz seus próprios compromissos, exclusivos a cada um de nós, escolhidos individualmente. O que quer que pense a seu respeito e há quanto tempo pense assim, você não é apenas você. Você é uma semente, uma promessa silenciosa.*

CONVERSE COM A AUTORA

Se você deseja comentar, trocar informações, sugerir, desenvolver novas idéias ou, simplesmente, dialogar sobre os temas aqui expostos, por favor, faça contato pelo fone/fax: (0XX51) 343-8301 ou email: canete@vanet.com.br, que eu terei imensa satisfação em conversar com você. Sou uma apaixonada pelo diálogo e pelo desenvolvimento humano.
Aguardo seu contato!

Obrigada por sua atenção e um abraço afetuoso,

Ingrid Cañete.

BIBLIOGRAFIA

1 ALBORNOZ, Suzana. *O que é trabalho*. 3ª ed. São Paulo: Ed. Brasiliense, 1988.
2 ALBUQUERQUE, Lindolfo Galvão. *Competitividade e R.H*. Revista de Administração, São Paulo, V.27, n° 4, out/dez. 1992.
3 ALLPORT, W. Gordon. *Desenvolvimento da personalidade*. 3ª ed. São Paulo: EPU – Ed. Pedagógica e Universitária Ltda., 1975.
4 ASTRAND, Per-Olof, KAARLE, Rodahl. *Tratado de fisiologia do exercício*. 2ª ed., Rio de Janeiro, Ed. Interame-ricana, 1980.
5 BASBAUM, Leôncio. *Alienação e humanismo*. 6ª ed., São Paulo, Ed. Global, 1985.
6 BERGAMINI, Whitaker Cecília. *Desenvolvimento de recursos humanos*. São Paulo, Ed. Atlas, 1987.
7 BERGE, Yvonne. *Viver o seu corpo: por uma pedagogia do movimento*. 4ª ed., São Paulo, Ed. Fontes Ltda., 1988.
8 BERTHERAT, Trérèse, BERSTEIN, Carol. *O corpo tem suas razões – antiginástica e consciência de si mesmo*. 14ª ed. São Paulo: Ed. Martins Fontes, 1991.
9 BETTELHEIM, Bruno. *O coração informado – autonomia na era da massificação*. 2ª ed. Rio de Janeiro: Ed. Paz e Terra, 1985.

10 BOOG, G. Gustavo. *Manual de treinamento e desenvolvimento*. 2ª ed., São Paulo, Makron Books, 1994.

11 BRANDEN, Nathaniel. *Auto-estima – como aprender a gostar de si mesmo*. 8ª ed. São Paulo: Ed. Saraiva, 1992.

12 BOWDITCH, James, BUONO, F. Anthony. *Elementos de comportamento organizacional*. São Paulo: Ed. Biblioteca Pioneira de Administração de Negócios, 1992.

13 CAMPOS, Vicente Falconi. *TQC – Controle de Qualidade Total*. Rio de Janeiro, Bloch Editores, 1992.

14 CAPRA, Fritjof. *O ponto de mutação*. São Paulo: Ed. Cultrix, 1982.

15 CHIAVENATO, Idalberto. *Recursos Humanos*. 3ª edição, São Paulo, Ed. Atlas S/A., 1995.

16 COVEY, R. Stephen. *Os 7 hábitos das pessoas muito eficazes*. 16ª ed., São Paulo: Ed. Best Seller, 1989.

17 CODO, Wanderley e outros. *Indivíduo, trabalho e sofrimento*. Petrópolis/RJ: Ed. Vozes, 1993.

18 CODO, Wanderley; ALMEIDA, Maria Celeste C.G. *Lesões por esforços repetitivos*. Rio de Janeiro: Ed. Vozes, 1995.

19 COUTO, Hudson de Araújo. *Guia prático: tenossinovites e outras lesões por traumas cumulativos nos membros superiores de origem ocupacional*. Belo Horizonte, Ergo Editora BEC Ltda., 1991.

20 COUTO, Hudson de O. *Postura correta é fundamental – a preocupação com ergonomia começa a ganhar comitês especializados em empresas*. Revista Amanhã, RS, 1994, p. 26.

21 _____ *Entrevista concedida para os autores em março de 1995*.

22 CULXART, Nogareda Clotilde. *La carga de trabajo: definición y evaluación*. – Instituto Nacional de Seguridad e Higiene en el Trabajo – NTP – 179. Barcelona, Centro de Condiciones do Trabajo, 1986.

23 DEJOURS, Cristophe. *A loucura do trabalho*. 2ª ed. São Paulo. Ed. Cortez, 1987.

24 DIAS, Maria de Fátima Michielin. *Ginástica Laboral – empresas gaúchas têm bons resultados com ginástica antes do trabalho*. Revista Proteção, nº 29, RS, 1994

25 _____ *Entrevista concedida para os autores em 25 de maio de 1995*.

26 ESTRESSE: *excessos trazem exaustão dos funcionários*. Jornal "Zero Hora", 22.04.95.

27 FERGUSON, Marilyn. *A conspiração aquariana*. São Paulo: Ed. Record, 1993.

28 FOGUEL, Sérgio, SOUZA, César S. *Desenvolvimento organizacional*. 2ª Ed. São Paulo: Ed. Atlas, 1985.

29 FRANKL, Viktor E. *O homem incondicionado*. Coimbra: Editor Armênio Amado, 1968.

30 GUARESCHI, Pedrinho A., CRISCI, Carmem L.H. *A folha do trabalhador*. Petrópolis: Ed. Vozes, 1993.

31 GOFFMAN, Eving. *Estigma*. Rio de Janeiro; Zahar, 1982.

32 ISHIKAWA, Kaoru. *Controle de qualidade total*. 3ª ed., Rio de Janeiro, Ed. Campus, 1993.

33 KOLLING, Aloysio. *Dissertação de Mestrado: Estudo sobre os efeitos da Ginástica Laboral Compensatória em grupos de operários de empresas industriais*. Porto Alegre: Faculdade de Educação – UFRGS, 1982.

34 MARTINI, Rosa M.F. *A formação do educador: um enfoque logoterápico*. Vitae: Revista de logoterapia, v. 01, do Centro "Viktor Frankl" de Logoterapia do Rio Grande do Sul.

35 MATUURA, Antônio. *História do rádio taissô: seu início e situação atual*. São Paulo: Federação de Rádio Taissô do Brasil, 1987.

36 MINISTÉRIO DA SAÚDE, Secretaria Nacional de Assistência à Saúde. *Saúde e exercício físico: uma atividade empresarial*. Brasília: Ministério da Saúde, Secretaria Nacional de Assistência à Saúde, 1990.

37 MOTTA, Fernando C. P. *Teoria das organizações: evolução e crítica*. 1ª ed., São Paulo, Biblioteca Pioneira de Administração de Negócios, 1986.

38 NAKAYAMA, K. Marina. *Estilos gerenciais e suas influências na percepção dos subordinados. (Monografia)*. Londrina, PR, 1987.

39 PULCINELLI, Adauto J. *A visão das empresas gaúchas sobre as atividades físico-desportivas na empresa*. Dissertação (Mestrado em Educação Física), Santa Maria, RS, Curso de Pós-Graduação em Educação Física, Universidade Federal de Santa Maria, 1994.

40 RADICI, Carlos. *Projeto de implantação de ginástica laboral compensatória na empresa DHB – componentes automotivos S.A*. Trabalho de Conclusão, Porto Alegre, RS, Curso de Graduação em Administração, UFRGS, 1994.

41 RODRIGUES, Marcus Vinícius Carvalho. *Qualidade de Vida no Trabalho*. Petrópolis, Ed. Vozes, 1994.

42 ROSSI, Ana Maria. *Autocontrole: uma nova maneira de controlar o estresse*. Ed. Rosa dos Tempos, 4ª edição.

43 REVISTA TENDÊNCIAS DO TRABALHO. Rio de Janeiro, Ed. Suma Ltda., janeiro de 1992.
44 SAMPIERI, H. Roberto. *Metodologia de la investigación*. México, McGraw-Hill, 1991.
45 SCHILDER, Paul. *A imagem do corpo*. 2ª ed., São Paulo, Ed. Martins Fontes, 1994.
46 SENGE, Peter M. *A quinta disciplina*. 9ª ed., São Paulo, Ed. Best Seller, 1990.
47 SILVA, Edith S. *Desgaste mental no trabalho dominado*. Rio de Janeiro: Ed. Cortez, 1994.
48 SOARES, Carmem. *Educação Física: raízes européias e Brasil*. São Paulo: Ed. Autores Associados, 1994.
49 SROUR, Robert H. *Formas de gestão: o desafio da mudança*. RAE Revista de Administração de Empresas da F.G.V., v.4, nº 4, São Paulo.
50 STELLMAN, Jeanne M., DAUM, Susan M. *Trabalho e saúde na indústria*. São Paulo: EDUSP, 1975.
51 TABONE, Márcia. A *psicologia transpessoal – introdução à nova visão da consciência em psicologia e educação*. São Paulo: Ed. Cultrix.
52 TARGA, F. Jacinto. *Teoria da educação físico-desportiva-recreativa*. Porto Alegre-RS, Escola Superior de Ed. Física do IPA, 1973.
53 TRIPODI, Tony, FELLIN, Phillip, MEYER, Henry. *Análise da pesquisa social*. 2ª ed., Rio de Janeiro, Francisco Alves Editora S/A., 1981.
54 VIEIRA, Sebastião Ivone (Coordenador). *Medicina básica do trabalho*. Curitiba: Ed. Gênesis, 1994, v.1 e 2.

55 WERTHER, William B., DAVIS, Keith. *Administração de pessoal e recursos humanos*. Rio de Janeiro, Ed. McGaw-Hill, 1983.
56 WILLIAM, R. Sanders, WALLACE, Andrew G. *Biological effects of civical activities*. Illinois: Human Knectics, 1989.
57 WISNER, Alain. *Por dentro do trabalho, ergonomia: método*

"HABENT SUA FATA LIBELLI"
TERENCIANO MAURO
De literis, syllabis et metris

IMPRESSO POR
PROVOGRÁFICA
TEL. (11)4178-0522